Promenade dans des JARDINS DISPARUS

LES PLANTES
AU MOYEN AGE

d'après les Grandes Heures d'Anne de Bretagne

Bibliothèque nationale de France., Ms. latin 9474.

A ma mère

MICHÈLE BILIMOFF

ÉDITIONS OUEST-FRANCE

Préface

On a pu dire des Grandes Heures peintes dans les premières années du XVIe siècle par l'enlumineur tourangeau Jean Bourdichon pour la reine Anne de Bretagne, qu'il était « l'un des manuscrits les plus populaires du monde ». Populaire certes, mais pas vraiment connu ni étudié dans tout le détail de sa richesse picturale et ornementale. Si la bibliographie du célèbre manuscrit est abondante (on mentionnera ici parmi les meilleures approches érudites du manuscrit, l'admirable monographie, malheureusement introuvable, que lui consacra Léopold Delisle en 1913), on ne dispose toujours pas, à l'heure actuelle, d'un fac-similé photographique intégral en couleur du précieux volume, celui-ci ayant été plutôt publié jusqu'ici « par appartements », si l'on peut dire, peintures et calendrier principalement. Manquait jusqu'ici une étude moderne et accessible au plus grand nombre de ce qui fait l'un des principaux attraits des Grandes Heures de la reine Anne, à savoir son exceptionnel décor marginal, bordures et encadrements, où sont minutieusement figurées 337 plantes, toutes accompagnées de leur appellation en latin et en français. Ensemble unique, dont l'idée remonte peut-être en partie (mais en partie seulement) aux représentations botaniques en trompe l'œil peintes dans leurs encadrements par les enlumineurs de l'école ganto-brugeoise à la fin du XVe siècle. Les espèces rassemblées dans ce succulent herbier, dû de bout en bout au savoureux pinceau du bon Bourdichon, sont très diverses : arbres (peu nombreux), arbustes, fleurs de jardin et fleurs des champs, et toutes sont égayées par la présence d'insectes, plus rarement de petits mammifères (mais jamais d'oiseau) rompant la monotonie de ce monde exclusivement végétal. Les plantes représentées sont le plus souvent communes, d'autres moins, ou d'introduction récente, comme nous l'apprenons ici page 51 à propos du cassis, certaines (peu nombreuses) échappent encore aux efforts d'identification tentés depuis Jussieu, qui porta le premier regard scientifique sur cette admirable collection.

Aucun système apparent n'a présidé, semble-t-il, à la répartition de ces petits tableaux dans le manuscrit : la botanique classificatrice n'existait pas alors et n'était pas, d'ailleurs, le propos de l'artiste et de sa royale commanditaire.

Plutôt que de présenter les différentes espèces dans l'ordre quelque peu erratique de leur apparition dans le volume, et afin de permettre au lecteur de se repérer plus aisément dans ce monde foisonnant, Madame Michèle Bilimoff a adopté un parti commode et qui a l'avantage de la clarté, regroupant chaque catégorie de plantes, dispersées aux quatre coins du livre d'heures, en chapitres cohérents, par famille en quelque sorte. A l'intérieur de ces chapitres, chaque variété est lumineusement commentée, remise dans le contexte de l'époque et reliée aux conceptions de notre temps. Les reproductions exécutées d'après les excellents ektachromes réalisés par les ateliers de la Bibliothèque nationale de France et joliment mises en pages, accompagnent pas à pas le commentaire. Grâce soit rendue à l'auteur et à son éditeur : c'est à leur enthousiasme conjoint qu'on doit de disposer désormais d'un ouvrage donnant pour la première fois une vision d'ensemble de ce merveilleux herbier. Et gageons que ce livre rencontrera beaucoup de succès auprès d'un large public.

François Avril
Conservateur général
Département des manuscrits
Bibliothèque nationale de France

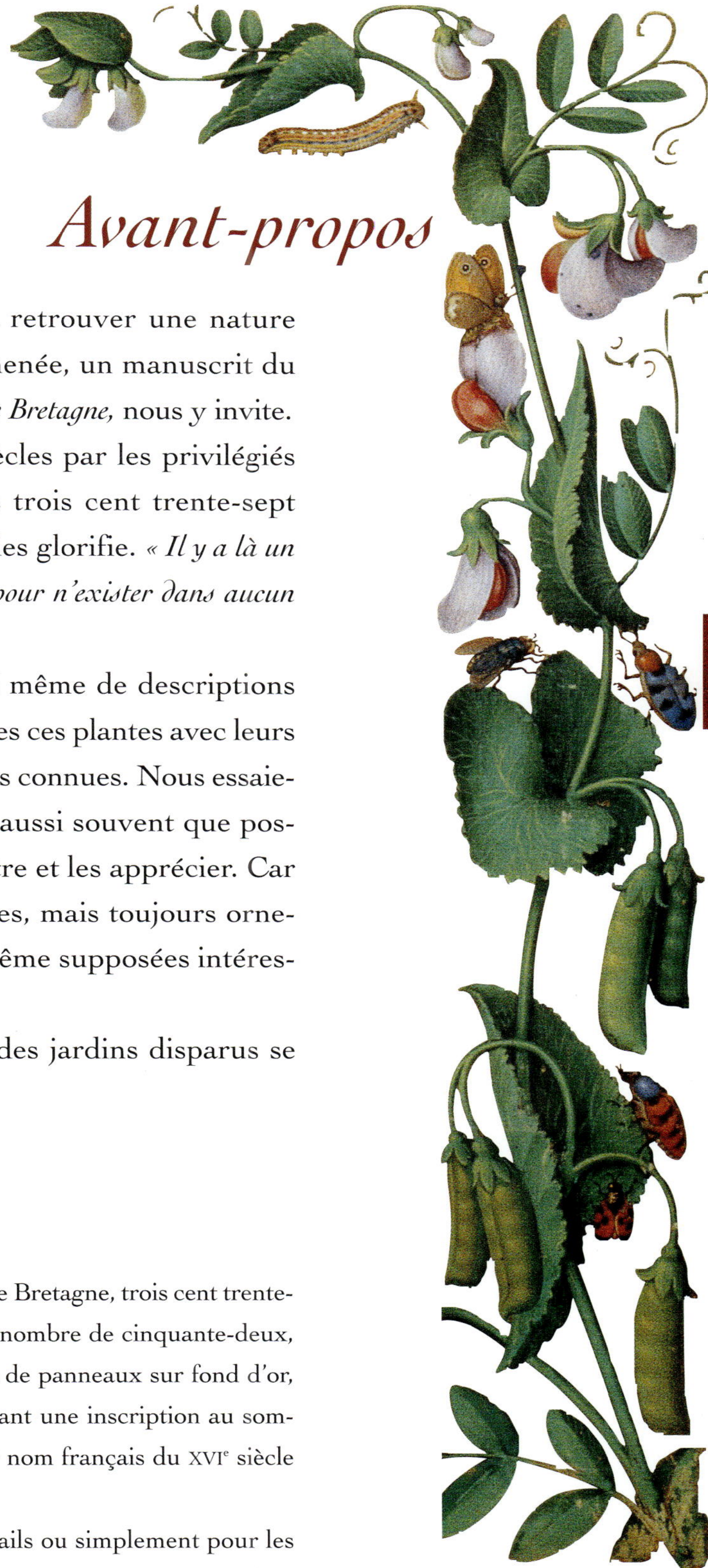

Avant-propos

EN CES TEMPS où nous cherchons à retrouver une nature longtemps négligée et souvent malmenée, un manuscrit du XVIe siècle, les *Grandes Heures d'Anne de Bretagne,* nous y invite. Commandité par une reine, admiré pendant des siècles par les privilégiés qui y ont eu accès, il présente au fil de ses pages trois cent trente-sept plantes, peintes avec réalisme, sur un fond d'or qui les glorifie. *« Il y a là un éblouissant et merveilleux travail dont l'équivalent passe pour n'exister dans aucun livre d'heures*[1]*. »*

Il ne sera pas question ici de savante botanique, ni même de descriptions exhaustives, mais simplement de mettre en scène toutes ces plantes avec leurs vedettes, leurs nombreuses figurantes beaucoup moins connues. Nous essaierons de montrer leur rôle au XVIe siècle, et dévoiler aussi souvent que possible un peu de leur légende, pour mieux les connaître et les apprécier. Car elles étaient, et restent la vie même : parfois vénérées, mais toujours ornementales, médicinales, nourricières, utilitaires, ou même supposées intéresser les forces occultes aux problèmes des humains.

Et peu à peu, avec les yeux de notre imagination, des jardins disparus se reconstitueront au gré de notre promenade…

Avertissement

Dans les marges du manuscrit des « Grandes Heures » d'Anne de Bretagne, trois cent trente-sept plantes sont représentées soit sous forme de bordures, au nombre de cinquante-deux, encadrant le texte totalement ou partiellement, soit sous forme de panneaux sur fond d'or, tous identiques, mesurant h. 160 mm. x larg. 46 mm, comportant une inscription au sommet avec leur nom latin, et à leur base, un cartouche avec leur nom français du XVIe siècle (tous rappelés ici en annexe).

Pour mieux comparer des plantes entre elles, admirer des détails ou simplement pour les besoins de la mise en page, certaines de ces représentations sont ici figurées en gros plan, diminuées ou augmentées par rapport aux dimensions d'origine, ou détourées. Mais toutes les plantes des « Grandes Heures » ont été reproduites et mentionnées dans le texte.

Les chiffres entre parenthèses correspondent aux numéros de folios dans les « Grandes Heures ».

AVANT DE PÉNÉTRER dans le manuscrit des *Grandes Heures d'Anne de Bretagne* et commencer notre promenade, il est juste de mieux connaître ceux à qui nous le devons : sa commanditaire et son peintre.

LA REINE

MÉCÈNE, COMMANDITAIRE DES *Grandes Heures*, la reine Anne de Bretagne est le point de départ de ce manuscrit reflétant au fil des pages ses goûts, ses choix, son époque.

Anne de Bretagne, fille du duc de Bretagne, François II, et de Marguerite de Foix, est née à Nantes le 25 janvier 1477. Orpheline de mère à 9 ans, puis de père à 11, Anne se trouve confrontée très jeune aux troubles de la succession et aux convoitises suscitées par la riche Bretagne. Anne est duchesse de Bretagne à 11 ans, puis couronnée à 12 ans en sa ville de Rennes.

La couronne de reine lui était vraiment destinée, puisque à 4 ans elle était promise en mariage au prince de Galles ; à 13 ans, mariée par procuration à l'empereur Maximilien d'Autriche. Si ces alliances ne se sont pas concrétisées, elle fut pourtant deux fois reine : le 6 décembre 1491, par son mariage avec Charles VIII, fils de Louis XI, puis, devenue veuve en 1498, par son remariage en janvier 1499, avec Louis XII, nouveau roi de France.

La vie courte – puisqu'elle mourut en 1514, à l'âge de 37 ans, à Blois – mais extraordinaire d'Anne de Bretagne, a inspiré de nombreuses biographies [2].

Anne de Bretagne
priant entourée
de sainte Anne,
sainte Marguerite
et sainte Ursule (2).

Il n'est pas question ici de reprendre les détails de sa vie, souvent et savamment étudiés, mais l'importance même du nombre de ces études, leurs interprétations souvent contradictoires du comportement de la reine Anne, reflètent bien la richesse et la complexité de son caractère. Elle est tantôt représentée comme sainte, pieuse et bonne, tantôt comme impitoyablement rancunière et ambitieuse. Si l'on se rapporte à l'essentiel de sa vie, si tôt mêlée au malheur, aux intrigues et aux trahisons, puis portée à un destin royal facteur de richesses et de puissance, malheureusement assombri par de nombreuses maladies, des deuils – en particulier ceux de ses enfants mâles, tous morts en bas âge –, il est évident que seuls un caractère bien forgé, une personnalité particulièrement forte, pouvaient l'affronter.

Outre l'ambition, réelle et maintes fois démontrée, quels étaient les soutiens de la reine Anne ? La religion semble bien en être l'essentiel. Ce que nous connaissons de sa vie montre la force de sa foi, la rigueur de sa pratique, imposée aussi à son entourage. Nous pouvons donc mesurer l'importance pour elle du livre d'Heures, renfermant les prières habituelles, les fêtes et les principaux événements religieux. Elle en possède plusieurs, moins somptueux toutefois que les *Grandes Heures* [3].

L'éducation d'Anne de Bretagne avait été confiée dans son enfance à Françoise de Dinan. Celle-ci,

Roses rouges et blanches (37)

très cultivée, lui enseigne le latin, des rudiments de grec et de sciences. Il est difficile de savoir à quel point la reine était elle-même cultivée, car ses courtisans ont outrageusement chanté les mérites de son esprit. Mais le contenu de sa bibliothèque, comprenant en majorité des ouvrages de piété, d'histoire, de sciences, plutôt que des œuvres profanes ou légères, semble confirmer un intérêt pour les diverses disciplines scientifiques dont l'essor s'affirmait en ce début de la Renaissance [4].

Il semble certain qu'elle s'intéressait à la botanique, peut-être, comme beaucoup de ses contemporains, dans ses aspects plus utilitaires et symboliques que savants. La reine aimait soigner elle-même ses proches avec des plantes, comme cela était l'usage, surtout pour les femmes quel que soit leur rang, peut-être dans la lignée de l'école de Salerne, ville réputée depuis le Xe siècle pour le grand nombre d'éminentes femmes médecins qui soignaient essentiellement par les plantes.

La reine aimait aussi les jardins, la beauté de ceux de Blois, malheureusement disparus, était célèbre [5] et ses biographes soulignent l'intérêt qu'elle portait à leur entretien…

Branches de grenadier encadrant le « Vigile des Morts ». (120)

LES GRANDES HEURES D'ANNE DE BRETAGNE

Les Grandes Heures d'Anne de Bretagne, exécuté sur la commande de la reine, dans les premières années du XVIe siècle, vraisemblablement entre 1503 et 1508, est l'un des plus beaux manuscrits conservés en France, « *par la richesse de l'ornementation, par le nombre des miniatures et par leur perfection, par la splendeur soutenue de l'ensemble, ce manuscrit tient en effet la première place* [6] ». Placé par Louis XIV au cabinet des Curiosités du château de Versailles, resté dans la Maison royale jusqu'en 1795, il se trouve depuis dans la réserve du cabinet des Manuscrits de la Bibliothèque nationale, où il porte la cote Ms. lat. 9474 [7].

Précieux, d'accès difficile, il avait fait l'objet au XIXe siècle d'une reproduction intégrale en chromolithographie. Cette édition fut réalisée par Curmer, grâce au soutien de Napoléon III, de l'impératrice Eugénie, du pape Pie IX, du tsar de Russie Alexandre II, d'Isabelle d'Espagne… Elle ne fut tirée qu'à huit cent cinquante exemplaires, d'un prix très élevé. Actuellement, en dehors d'une reproduction en sépia de cette édition, les *Grandes Heures* sont surtout connues par des textes, des reproductions de la plupart des tableaux et des « mois » du calendrier qu'il contient, ainsi que d'une petite partie des plantes représentées dans ses marges.

Prunes de Damas (112)

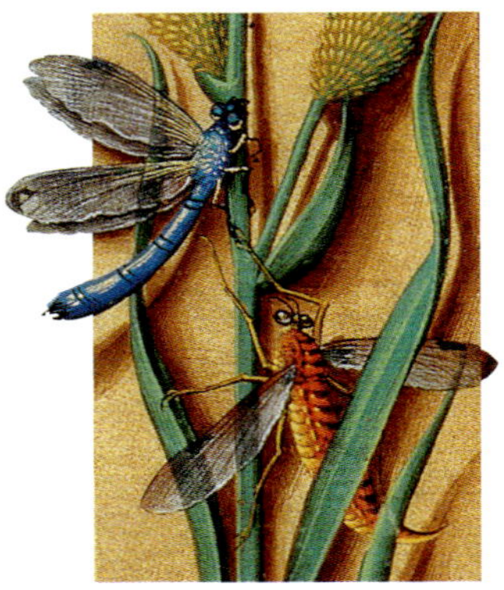

De nombreux auteurs se sont penchés sur son contenu [8] et surtout sur les tableaux en pleine page, qui, avec le calendrier et les travaux des mois, sont au nombre de quarante-neuf (au lieu de cinquante-deux à l'origine) et ornent les différentes parties de la liturgie [9]. Mais si l'ensemble de ces peintures a souvent été admiré, ce sont les représentations de plantes qui ont probablement le plus contribué à cette admiration. Comme l'écrit L. Delisle : « *Ce qui a peut-être le plus servi à sa représentation, ce qui l'a fait considérer par une partie du public comme le plus splendide manuscrit de la Bibliothèque nationale, c'est la profusion de fleurs qui couvrent les larges marges de ce volume...* [10] »

Qui étaient l'auteur, ou les auteurs, de ce manuscrit ? Au début du siècle dernier, cette attribution donna lieu a des controverses entre érudits, proposant les noms de Jean Poyet et Jean Bourdichon, tous deux peintres de la cour. Le doute fut cependant levé, lorsque fut découvert en 1868, à Lyon, un ordre de paiement signé par la reine, daté de mars 1508 :

« *A notre cher et bien aimé Jehan Bourdichon, paínctre et valet de chambre de monseigneur (le roi), la somme de mil cinquante livres tournois en six cens escuz d'or... pour le récompenser de ce qu'il nous a richement et somptueusement historié et enluminé une grans Heures pour notre usaige et service...* »

Jean Bourdichon est né en 1457 ou 1459, on ne sait pas exactement où, peut-être à Tours ? En 1481, il est peintre et valet de chambre de Louis XI, le reste sous les règnes de Charles VIII et Louis XII, et en 1517, un acte de paiement, sous François Ier, « *à Jehan Bourdichon paintre et varlet de chambre ordinaire du roy* », atteste encore sa présence à la cour. Cet acte de paiement concerne d'ailleurs les six cents écus d'or mandés en 1508 par Anne de Bretagne et donc non encore payés... Jean Bourdichon meurt en 1521.

Peintre et « valet de chambre ordinaire », sous quatre règnes, Bourdichon a produit une œuvre extrêmement variée, puisque sa charge impliquait des dessins de bijoux, de vitraux, des tableaux et portraits (dont il ne subsiste qu'un triptyque, *La Vierge entre les deux saints Jean*, conservé à Naples, au musée de Capodimonte) ; tous les travaux d'ornement, de décors de fêtes, parmi lesquels figure une participation à la « mise en scène » du Camp du Drap d'or.

De nombreux manuscrits lui sont attribués, avec plus ou moins de certitude. Ces manuscrits étaient destinés à la reine, aux rois Louis XI, Charles VIII et Louis XII, mais aussi à d'autres mandataires « *clientèle... du milieu royal immédiat qui impose et met à la mode un art de cour fait pour plaire par sa somptuosité et ses conventions* [11] ».

Si dans les tableaux des *Grandes Heures*, Jean Bourdichon reste conventionnel par la « suavité », la précision du dessin, la douceur des nuances, l'idéalisation des visages, proches de l'école de Cologne, très appréciée à la fin du XVe siècle, il s'en dégage dans les bordures représentant des plantes. Malgré leur fond d'or, celles-ci, que l'on a souvent dit inspirées des manuscrits flamands, s'en éloignent. Ce ne sont plus des fleurs coupées, comme jetées en ornements des marges, ni des plantes graciles, immatérielles, ou stylisées, elles sont de « *facture dense, charnue, appliquée et en fort relief feint...* [12] ». Même si elles sont parfois un peu raides, et peut-être, pour certaines, d'une autre main que celle de Bourdichon [13], elles sont libérées de la stylisation et du factice. La plante sortie de terre, en une saison précise, est entourée d'insectes et de petits animaux sauvages, ou même apprivoisés, comme les petits singes qu'Anne de Bretagne affectionnait, représentés grimpés sur la branche de prunier de Damas (fol. 112). Ces insectes herbicoles et ces petits animaux sont très présents, sur toutes les plantes. Magnifiques papillons que nous ne connaissons plus maintenant dans la nature, coccinelles, mouches, sauterelles, libellules aux ailes transparentes qui empiètent parfois sur le texte, mais aussi petits lézards, tortues, lapins (il faut noter que, curieusement, pas un seul oiseau ne figure), tout un monde vit en harmonie, et, comme dans la vie, en interdépendance, butinant, transportant le pollen, dévorant ou protégeant. Cette présence conjuguée renforce le réalisme des représentations, l'impression de vie, plantes et animaux ne pouvant vivre les uns sans les autres. L'auteur les unit dans un même amour pour la nature telle qu'il la voit et qu'elle a

été créée. Même si chenilles ou hannetons peuvent nuire aux plantes, l'auteur est un observateur, non un jardinier…

Il est difficile pour cette interprétation de discerner l'influence de la reine et celle du peintre, qui partageaient apparemment le même goût contemporain pour la nature, l'étude des plantes et leur représentation réaliste.

Les preuves de ces goûts sont multiples. Un groupe d'écrivains faisant partie d'un mouvement dit « école des rhétoriqueurs », à la fin du XVe et début du XVIe siècle, prônent un « sentiment vrai de la nature [14] ». L'intérêt pour la botanique est grand au début du XVIe siècle et cette science est enseignée à la Sorbonne ; l'imprimerie permet de diffuser en des milliers d'exemplaires les travaux des botanistes, comme Jean Ruel, ou les nouvelles traductions de botanistes anciens, telles que, en 1478, la traduction latine de Dioscoride, ou surtout le *Grant Herbier*, reproduction du *Livre des simples médecines*. Ce *Livre des simples médecines*, issu d'un manuscrit de Platearius, médecin de Salerne au XIIe siècle, le *Circa instans*, constituait une somme des connaissances médicales. Copié de multiples fois, augmenté aussi bien pour le texte que pour ses illustrations, le *Livre des simples médecines* donnait en particulier des indications sur les périodes de cueillette, la conservation et l'utilisation médicinale des plantes. Au début du XVIe, la version imprimée de ce livre, nommée *Grant Herbier*, enrichie peu à peu et passant des deux cent soixante-treize articles originaux à quatre cent quatre-vingt-six, était le codex des médecins et apothicaires. Parmi les nombreux exemplaires manuscrits de ce *Livre des simples médecines*, le ms. Fr 12322 conservé à la Bibliothèque nationale est à peu près contemporain des *Grandes Heures* (ca. 1520) [15].

A la même époque, un désir de réalisme pour la représentation de la nature se manifeste de toutes parts. Albrecht Dürer, en 1503, peint *Le grand morceau de prairie*, où toutes les herbes sont identifiables avec précision ; Léonard de Vinci, en 1508, *La Dame de onze heures et autres fleurs* ; les panneaux du Maître de saint Gilles, pour les Flandres, etc. [16].

Mais, plus proche de la reine et de Bourdichon, cet amour de la nature sans artifice est prêché tout particulièrement par saint François de Paule. Ce saint calabrais, que Louis XI avait fait venir près de son château de Plessis-lez-Tours, vivait en ermite au milieu des jardins. Nous savons que ce saint, souvent consulté par la reine dont il avait baptisé les enfants et qui lui vouait une grande vénération, avait une influence importante à la cour. Bourdichon était également proche de saint François, dont il avait fait le portrait. Il partageait avec lui le goût de l'herborisation et de la nature ; il fut considéré comme l'un de ceux qui connaissaient le mieux ce saint et cité comme témoin, en 1517, lors de son procès en canonisation [17].

Il est presque certain que Bourdichon n'a jamais quitté la région du Val de Loire où il vivait et travaillait. Les environs de Tours, Blois où étaient les célèbres jardins de la reine Anne, les bois et les champs d'alentour, les arbres et les plantes qu'ils contenaient, ont probablement servi de modèle à Bourdichon.

Si, dans l'état actuel de nos connaissances, les *Grandes Heures* restent un exemple unique pour l'importance des représentations de plantes dans un manuscrit consacré à la liturgie, d'autres livres d'heures contemporains de celui-ci adoptent cette même représentation fidèle de plantes pour orner les marges. Parmi les plus proches, peut-être de la main de Bourdichon ou de son atelier, figure le livre d'heures de la collection Holford, à New York [18], dans les marges duquel quatre-vingt-quatorze plantes « au vif » sur fond d'or, nommées en latin et français, « *magnifique prélude aux trois cent trente-sept autres qui feront la gloire des Grandes Heures* [19] ». D'autres livres d'heures, comme celui de la British Library [20], ou de la collection Rothschild [21], aux dix-neuf marges fleuries, probablement légèrement postérieurs aux *Grandes Heures*, présentent dans leurs marges des plantes réalistes et nommées. Ce courant naturaliste se poursuit parmi les artistes du Val de Loire, jusque vers 1520 [22], en particulier dans les *Heures à l'usage de Rome*, du Maître de Claude de France [23], dans un petit livre d'heures de la British Library [24], ou dans Les *Prières de Renée de France*, à Modène [25] mais aucun, parmi tous ceux parvenus jusqu'à nous, n'approche même de loin la richesse botanique des *Grandes Heures*.

LES PLANTES

« L*'innommé n'est que la torpeur de l'inconnu, chaque nom l'appel secret possible à un plus profond mystère*[26]. » Cette phrase de Pierre Lieutaghi semble particulièrement pertinente ici, où toutes ces plantes minutieusement nommées nous intriguent : pourquoi sont-elles là si nombreuses dans un livre d'Heures, si précisément représentées, à la fois bien vivantes et divinisées par leur fond d'or ?

Contrairement aux représentations habituelles dans les marges des livres d'Heures, les trois cent trente-sept plantes qui figurent dans les *Grandes Heures d'Anne de Bretagne* sont nommées, en latin – par « *quelque apothicaire ignorant* » selon Jussieu – et en français[27]. Même si ces appellations nous semblent parfois fantaisistes, l'effort est fait d'identifier et de présenter les plantes, une à une. A quoi correspondent donc ces plantes nommées, présentées, reconnues ? Pourquoi ornent-elles ce précieux livre d'Heures ? Ont-elles été choisies parmi d'autres ou représentent-elles la somme des connaissances botaniques de leur auteur ?

Elles ne sont ni stylisées, ni recopiées d'après des ouvrages plus anciens comme cela était souvent l'usage, mais figurent traitées « au vif », entières, bruissantes d'insectes. Maintenant encore, en nous promenant dans le Val de Loire où vivait Bourdichon, nous pouvons presque toutes les reconnaître.

Elles ne sont pas doctement découpées en fleurs, fruits, feuilles, racines, comme dans la plupart des herbiers contemporains ou non.

Réalistes et « vivantes » elles sont cependant glorifiées par un fond d'or qui leur confère un reflet de divinité. Et comme l'écrit R. Schneider : «… *C'est évidemment un moyen simple et sans artifice pour éclairer une œuvre, que d'écraser du soleil sur le panneau en feuilles d'or… du même coup ils* (les peintres) *le baignent de spiritualité, car la lumière est un rayonnement de Dieu. A leurs yeux, le fond d'or glorifie*[28]. »

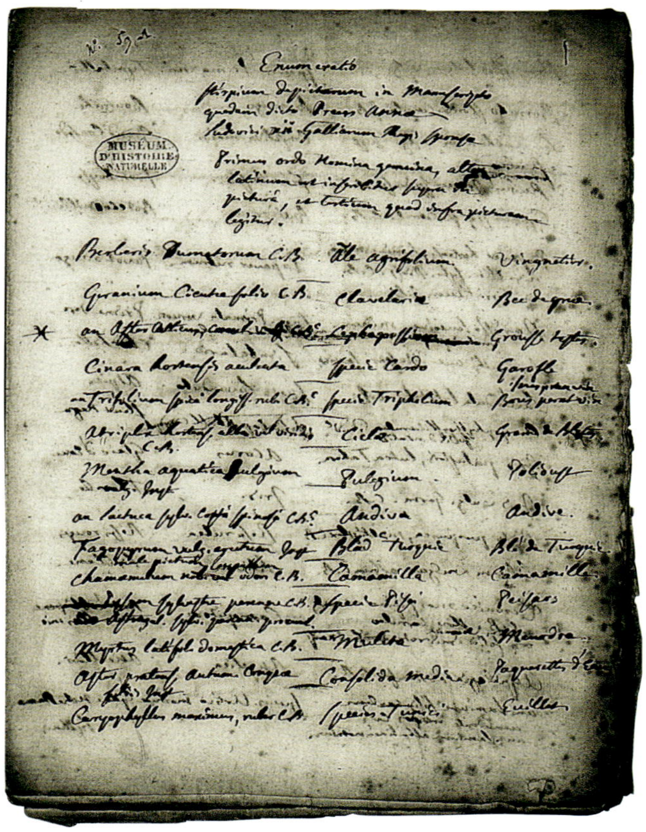

Extrait du manuscrit de Jussieu conservé à la bibliothèque du Museum d'Histoire naturelle, Paris.

Les plus humbles des herbes des talus et des champs ne sont pas méprisées, elles côtoient les roses, fleurs de lis ou ancolies, qui, chargées de leur message symbolique ornent habituellement les marges des livres d'Heures.

Même si toutes ces questions ne peuvent être résolues, la beauté, la diversité des représentations incitent à faire plus ample connaissance.

Au XVIIIe siècle, le grand botaniste Jussieu, à qui Louis XV avait prêté le manuscrit royal des *Grandes Heures*, fut frappé par la justesse des représentations : «… *On ne croit pas qu'il y eut alors rien de mieux, tant par le coloris que par la ressemblance de toutes les parties des plantes, ce qui marque que cet ouvrage a été dans presque tout exécuté d'après nature*[29]. » Jussieu s'attache à rectifier les appellations du manuscrit, selon l'évolution des connaissances botaniques. Après lui, d'autres botanistes reprennent cet effort de précision, comme Decaisne pour la chromolithographie des *Grandes Heures*, ou surtout Jules Camus en 1894[30].

Coquelicots (22)

Ortie (83)

Châtaignes (124)

Ivraie (145)

Parallèlement à cet intérêt scientifique confortant la légitimité botanique des illustrations, de nombreux auteurs furent sensibles à la beauté et à la poésie des représentations « *... remplaçant une flore de convention réduite à quelques espèces par une flore et une faune réelles, copiées sur nature et infiniment plus variées* [31] », ou : « *En l'ouvrant, on croit entrer dans un beau jardin, aux environs de la saint Jean d'été...* [32] » « *... Bourdichon a peint une multitude de fleurs dont la reine aimait à parer ses jardins et ses appartements* [33] ».

Même si nous ressentons aussi vivement la poésie de l'ensemble, il est évident qu'il ne se résume pas à une représentation de jardin au début de l'été (les perce-neige, châtaignes, ou fruits du néflier, entre autres, suffiraient à nous en convaincre), ni à un simple souci ornemental, aussitôt démenti par l'ivraie, l'ortie ou autres « mauvaises herbes », habituellement chassées des jardins d'agrément. Nous pouvons même ajouter que les saisons sont délibérément mêlées puisque, sur une même bordure coquelicots et perce-neige figurent ensemble...

En suivant ces représentations page à page, nous voyons se succéder les plantes au gré de la fantaisie de leur peintre, dans un ordre impossible à déterminer : fruits, fleurs, légumes se côtoient, sans contrainte de saisons, de genres ou d'utilisations.

Outre les plantes habituellement cultivées dans un jardin, aussi éclectique soit-il, figurent céréales, vignes ou fourrages, aussi bien que des « mauvaises herbes ». Alors, pour mieux apprécier leur diversité, nous pouvons tenter de recréer avec elles un paysage plausible. Ce paysage du Val de Loire si varié, toujours admiré, et qui enthousiasma tellement un médecin allemand, Jérôme Munzer, voyageant en France à la fin du XVe siècle, qu'il le compara au paradis : « *Et revera est ortus et paradisus deliciarum* [34]. »

Peu de documents nous sont restés concernant les jardins français en ce début du XVIe siècle où les campagnes d'Italie menées par Charles VIII commençaient à apporter des modifications, modestes encore. Un prêtre napolitain Dom Pacello da Mercogliano, ramené d'Italie en 1495 par Charles VIII, est appelé ensuite par Louis XII et Anne de Bretagne à organiser les jardins de Blois, après avoir travaillé à Amboise. Cependant, les descriptions des jardins de Blois que nous connaissons sont légèrement postérieures aux *Grandes Heures*, puisqu'elles sont faites sous le règne de François Ier [35], ou à la fin du XVIe siècle, avec les dessins d'Androuet Du Cerceau [36].

Cette fin du XVe siècle et le début du XVIe ne sont plus tout à fait médiévaux, ni encore pleinement de la Renaissance ; il en est de même pour les jardins, encore clos de murs mais peut-être déjà partiellement réaménagés selon les nouvelles modes venant d'Italie.

Si miniatures et descriptions nous apportent des éléments qui nous guideront dans notre promenade, il s'agira bien ici d'une campagne imaginaire, peuplée néanmoins de plantes bien réelles et toujours présentes. Arbitrairement groupées, mêlées ou séparées, selon la logique des impératifs de culture, une similitude d'utilisation, ou tout simplement une mutuelle mise en valeur, nous imaginerons ces plantes assemblées en champs, verger, potager, jardins de simples ou d'agrément.

Tout en reconnaissant que ces dispositions, bien que plausibles, sont (en partie) fictives, elles nous permettront, je l'espère, de mieux faire revivre ces plantes qui sont toujours autour de nous, d'en apprécier l'utilité et souvent la beauté. Puisque ces plantes sont nommées, connues pour la grande majorité d'entre elles, « *l'appel secret à leur mystère* » nous invite à en faire plus ample connaissance, une à une, en une promenade pleine de découvertes.

Comme dans un paysage réel, nous nous arrêterons plus longuement devant certaines : parce qu'elles étaient plus belles, plus précieuses, plus vénérées, plus utiles, ou tout simplement parce que le peintre s'est attaché à en représenter divers membres d'une même famille.

Perce-neige (22)

Fleur négée (23)

Escarlette (233 v°)

Lis oust (117)

Tierce feuille (73 v°)

Fleurencelle (127)

LES PLANTES INCONNUES OU MAL CONNUES...

Avant d'avancer dans cette plus ample connaissance des plantes, il faut pourtant en abandonner quelques-unes, soit parce que la fantaisie de la forme ou de la couleur ne permet pas une identification, soit parce que les aléas des cultures et des croisements ont provoqué sinon leur disparition, tout au moins leur transformation. Elles sont heureusement peu nombreuses.

Parmi les plantes non identifiées, figurent la « fleur négée » : œillets bleus sur tiges de coquelicots ; le « tierce feuille », raide, symétrique et peut-être imaginaire ; le « lis oust » plus proche d'un lychnis que d'un lis ; la « fleurencelle », « indéterminable » ; la « pourprée », petites fleurs violettes inconnues ; le « myeulx que or », crucifère indéterminé, dont le nom témoigne pourtant de la valeur ; le « De Aspula », sorte de graminée, ou enfin l'« escarlette », ombellifère, peut-être, mais indéfinissable...

A côté de ces huit plantes inclassables (en tout cas jusqu'à présent), nombreuses sont celles qui ont fait l'objet de contestations ou de mises au point

Myeulx que or (160 v°)

De Aspula (219 v°)

Alixandre (228 v°)

Circée de Paris (104)

entre botanistes. Jules Camus notamment était particulièrement sévère à propos du travail de Decaisne, dont il dit entre autres : « *Son travail fourmille de fautes de tous genres... je note qu'à plus de soixante-dix endroits les noms des plantes du manuscrit ont été inexactement transcrits... M. Decaisne a fait cette étude avec la plus grande insouciance...* » Mais Jules Camus était lui-même conscient de la difficulté de certaines identifications et ajoute : « *Un travail de cette nature est toujours chose délicate, on le conçoit.* » Il demanda d'ailleurs, et obtint, l'aide d'un autre grand botaniste, le Dr Bonnet.

Malgré cela, de nombreuses hésitations subsistent. Et là, plusieurs cas se présentent, selon le degré des modifications survenues aux plantes par rapport à leurs sœurs actuelles.

Très modifiées, leur identification est aléatoire. Par exemple, on peut penser, sous réserve, que la « *brunetee* » nommée Circée de Paris, ou « herbe aux sorciers », par Decaisne et Jules Camus, est une variété de verveine, aux feuilles plus épaisses, à la tige moins grêle que celle que nous connaissons maintenant, assez proche toutefois de celle représentée dans les planches de Mattioli au milieu du XVIe siècle.

De même, l'« Alixandre », est peut-être une sorte de « chou à feuilles rudes », variété disparue, mais probablement encore consommée à l'époque des *Grandes Heures*...

Beaucoup plus nombreuses sont les plantes dont l'évolution ou, simplement la représentation dans les *Grandes Heures*, permettent de les situer dans un « genre » botanique, mais pas de les classer à coup sûr avec précision, dans leur définition latine. C'est le cas pour quelques membres de familles nombreuses dans le manuscrit, comme les chardons, les menthes, les orchis, ou les lychnis, entre autres.

Ces plantes non classables ou seulement difficiles à identifier précisément, sont environ une trentaine dans les *Grandes Heures*. Peut-être des botanistes modernes pourront-ils contribuer à ôter les doutes ou apporter des précisions sur ces plantes ?

Mais les trois cent dix autres sont conformes à celles que nous rencontrons maintenant et nous les reconnaissons bien...

Pourprée (140)

Chardon Marie (125 v°)

Chardon étoilé (110 v°)

Carthame (138 v°)

Cardère à foulon (75 v°)

Chardon béni (85v°)

LES « VEDETTES »... ET LES AUTRES

Un premier regard d'ensemble montre l'intérêt du peintre des *Grandes Heures* pour certaines espèces, représentées dans leurs diverses variétés ou à différentes périodes de leur évolution.

Les rudes chardons ou les menthes figurent chacun sous sept variétés différentes, contrairement aux habituelles reines des marges de manuscrits, contemporains ou antérieurs, plus modestement représentées ici, telles que les roses et les œillets, avec cinq aspects chacun ; les lis comme les violettes, deux seulement, ou surtout les fraises, sous forme d'un fraisier des bois, un peu raide.

Les orchis, les bleuets, les compagnons, de la famille des lychnis, les véroniques, les lamiers, qui sont des sortes d'orties, sont aussi nombreux que les ancolies, et plus que les iris, si fréquemment rencontrés dans les manuscrits.

Sans continuer de fastidieuses citations, cette première observation de l'ensemble des plantes montre déjà qu'il n'y a pas de hiérarchie dans le choix des représentations. Les plus modestes parmi les herbes peu-

Chardons (77)

Menthe pouliot (10 v°)

Menthe pouliot (84 v°)

Menthe à feuilles rondes (113 v°)

Menthe verticillée (80 v°)

Menthe verte (133)

vent être plus souvent présentes dans leur diversité que celles ornant habituellement les manuscrits. Il s'agit donc d'une volonté délibérée d'observer la nature dans son intégrité, sans a priori, et le soin apporté au traitement de chaque plante ne dépend pas de son importance symbolique ou traditionnelle. Aux yeux du peintre, les orties ou les roses sont dignes du même fond d'or, de la même attention. Et si, autour de lui, la même plante, si modeste soit-elle, présente diverses variantes, il s'attache à les illustrer, séparément.

Notre curiosité ne peut qu'en être attirée, car cette démarche est tout à fait nouvelle pour un livre d'Heures. Nous nous aventurons dans un paysage observé, aimé, non plus seulement pour quelques variétés ornementales bien connues, mais dans une foisonnante diversité. Cette diversité est si grande qu'une de nos questions se repose : ces trois cent trente-sept plantes représentent-elles la totalité des connaissances botaniques, ou tout au moins la totalité des plantes présentes dans les jardins et les champs qu'avait pu observer Bourdichon ?

Menthe des champs (143 v°)

Menthe aquatique (144 v°)

La réponse est tout de suite négative, car un certain nombre de plantes que nous savons utilisées ou simplement connues par les herbiers contemporains des *Grandes Heures*, ne figurent pas. Elles sont nombreuses : le *Livre des simples médecines* présente par exemple quatre cent quatre-vingt-six plantes, parmi lesquelles figurent des plantes méditerranéennes ou « *d'au-delà des mers* ». Mais il suffira de citer, parmi les absentes dans les *Grandes Heures* : les sulfureuses mandragore et jusquiame, ou à l'opposé, la bienfaisante angélique, qui était censée éloigner la peste, prolonger la vie, et que l'archange Gabriel aurait fait connaître aux hommes ; l'alchémille dite « manteau de Notre-Dame », dont les alchimistes utilisaient l'eau contenue dans les feuilles et qui eut pendant toute la Renaissance la réputation de rendre aux femmes la beauté perdue… toutes plantes (sauf la mandragore) bien présentes dans la campagne tourangelle et figurant déjà dans le Capitulaire de Charlemagne.

Il ne s'agit pas ici de la volonté exhaustive d'un herbier didactique. La façon de représenter les plantes est différente aussi des herbiers : dans ceux-ci figurent souvent les aspects présentés par les plantes aux divers stades de leur évolution ; ainsi, pour un arbre fruitier un herbier fera le plus souvent voisiner sur la même planche fleurs et fruits, ou bourgeons et feuilles, etc.

Dans les *Grandes Heures*, l'observation ne porte à chaque fois que sur un seul stade de cette évolution : si par exemple le peintre nous montre une branche de prunier en fleurs, une autre portera les fruits et les feuilles.

Les racines, partie importante pour l'étude de la plante dans son intégrité, sont souvent représentées dans les herbiers, en un souci de rigueur scientifique des botanistes.

Elles ne le sont jamais ici. Peut-être faut-il voir, aussi, en cela (outre une raison esthétique évidente) le souhait de s'éloigner du côté maléfique de la racine, exploité par la sorcellerie qui était encore si puissante. En un mouvement qui commence à se dessiner au début du XVIe siècle, « *les botanistes arrachent la plante à ses profondeurs mythiques… au sens littéral, la modernité se déracine des temps obscurs* [37] ». Au cours de notre promenade nous rencontrerons pourtant quelques plantes alliées reconnues des sorciers, mais jamais les plus « noires » d'entre elles : mandragore, jusquiame, datura, ou colchique…

Le symbolisme attribué alors aux plantes est paradoxal : positif ou négatif, bénéfique ou maléfique, selon le contexte, la région, les circonstances. Pour une même plante, les symboles sont nombreux et souvent antagonistes…

Il en est de même pour les propriétés thérapeutiques. Le champ d'action des plantes « médicinales » ou non est immense ; elles constituaient l'essentiel des pouvoirs guérisseurs et on leur attribuait des vertus multiples qu'elles n'ont pas toujours.

La médecine par les plantes était régie par diverses théories dont les plus connues étaient celle des

« humeurs », puis celle des « analogies » ou des « signatures ».

Depuis Hippocrate, au IVe siècle avant notre ère, la médecine se fondait sur l'équilibre des « humeurs », liquides organiques du corps humain : bile (foie), atrabile (rate), phlegme (cerveau), sang (cœur). Ces humeurs dérivaient des quatre éléments : air, terre, eau, feu. A chacun de ces éléments correspondaient aussi les « humeurs » : humide, sèche, froide et chaude et les organes humains : cœur, foie, rate, cerveau.

Les plantes, alimentaires aussi bien que médicinales, faisaient partie de cette classification universelle. Elles pouvaient donc être elles aussi, froides, chaudes, sèches ou humides. Galien, médecin grec, au IIe siècle avant notre ère, ajoute à ces caractéristiques des degrés, au nombre de quatre, précisés dans les ouvrages médicaux de l'époque. Les thérapeutiques qui dérivaient de cette philosophie consistaient donc à utiliser les principes végétaux corrigeant les défaillances humaines : une plante « froide » apaisait les humeurs trop chaudes par exemple et à son « degré » correspondaient la quantité et la durée du traitement… (le quatrième degré présentant des dangers mortels). Malheureusement, l'évaluation de ces propriétés, purement empirique, était très imprécise, souvent contradictoire selon les praticiens, et l'équilibre recherché bien difficile à obtenir.

A cette médecine se mêlaient les pratiques magiques parfois dangereuses, des sorciers et guérisseurs.

Une autre pensée guidait le choix de plantes guérisseuses. Le concept d'analogies existant entre les divers éléments de la création, faisait rechercher une ressemblance entre la partie du corps malade et les plantes remèdes : formes, couleurs, les « signes » étaient multiples. Les plantes présentant ces similitudes devaient donc avoir aussi des affinités curatives. Nous en rencontrerons beaucoup au cours de notre promenade.

La « théorie des Signatures » légèrement postérieure aux *Grandes Heures* puisque développée par Paracelse (v. 1493-1541), viendra conforter ces intuitions. Elle découlait de la lecture d'Aristote et des théories alchimistes pensant que tous les êtres de la Création étaient reliés entre eux par des connections visibles ou non. Elle « *décrit la création comme la parfaite architecture de miroirs qui révèlent l'omniprésence d'un dieu d'ordre et de bonté* [38] ».

Dans notre désir de mieux connaître les plantes rencontrées, nous nous trouverons confrontés à un faisceau de propriétés multiples, parfois opposées et qui souvent ont fait – ou devraient faire – l'objet de longs commentaires.

Même si nous nous arrêtons un peu plus longuement pour certaines, ces plantes sont ici si nombreuses que nous devrons nous contenter de l'essentiel, un peu hétéroclite, de leurs vertus ou de leur légende.

Et si, au cours de notre promenade, nous rencontrons quelques-unes d'entre elles dans plusieurs endroits, cela ne pourra que souligner l'importance qui leur était accordée et la multiplicité de leurs utilisations.

L'Arbre de mai (8)

Si l'on imagine voir dans leur ensemble toutes les plantes de ce manuscrit du haut d'une colline ou de la terrasse d'un château, en un paysage inconnu, ce sont les arbres qui s'imposeront d'abord à nous.

LES ARBRES

Ces arbres ne sont pas très nombreux. Le chêne, souvent cité dans la Bible, était sacré chez les Hébreux. Abri des Dryades, esprits des arbres et des eaux pour les Grecs qui attribuaient au célèbre chêne du sanctuaire de Dodone le pouvoir de donner le don de prophétie.

Cet arbre était déjà l'emblème du courage pour les Romains qui couronnaient les vainqueurs de ses feuilles – encore présentes sur les képis de nos généraux. Siège aussi de la puissance du dieu Esus pour les druides celtes. Les exemples de son culte sont innombrables.

La beauté, la longévité et la force du chêne, la diversité et l'importance des services rendus expliquent certainement cette vénération, ses fruits servant de nourriture, non seulement pour le bétail, mais aussi, pendant de longs siècles pour les humains…

Le Chêne, arbre vénérable, déjà présent au néolithique, sacré par excellence, chargé de symboles, en particulier ceux de fertilité et de longévité. (87v°)

Le Bouleau, dit « arbre de la sagesse » car les petites badines souples qu'on en tirait étaient convaincantes pour les élèves. Vénéré par les Gaulois et les peuples du Nord où ces verges étaient aussi censées expulser tout mauvais esprit des coupables. (127v°)

Les vertus astringentes, cicatrisantes, de toutes les parties du chêne mais surtout de son écorce, son action fébrifuge et antiphtisique connues depuis l'Antiquité.

Son bois solide, mais facile à travailler en menuiserie et ébénisterie pour des meubles et des outils résistant au temps. Le tanin contenu dans son écorce utilisé pour le tannage des peaux ; les noix de Galles, parasites de ses branches, servant à faire de l'encre ; la forte et durable chaleur dégagée par ses bûches, essentielle pour le développement des industries jusqu'au XVIIe siècle.... Toutes ces vertus en faisaient un arbre précieux entre tous : l'« *arbre viril... l'arbre fondateur* » [39], qu'il est resté.

Le bouleau, protégé de la Lune et de Vénus était, contrairement au chêne, souvent perçu comme d'essence féminine et d'ailleurs dit « la » bouleau, au XVIe siècle.

Il était surtout utilisé pour les vertus de sa sève. Vers le milieu du XVIe siècle, Mattioli [40] écrit : « *Si on perce le tronc du bouleau avec une tarière, il en sort une grande quantité d'eau laquelle a grande propriété et vertu à rompre la pierre, tant aux reins qu'en la vessie si on continue d'en user. Si on s'en lave la bouche, on en guérit les ulcères qui sont dedans...* »

Diurétique, tonique pour le cœur ; on en faisait aussi une lotion pour la peau et les cheveux...

Les utilisations comestibles de cette eau de bouleau, si longtemps prisées chez les peuples du Nord, ne semblent pas mentionnées à cette époque en France...

La fine écorce du bouleau a longtemps servi de support pour l'écriture, le parchemin étant cher. Peut-être même de chaussures, comme ce fut le cas chez les peuples du Nord.

Orme. Ses fruits épanouis étaient consommés et les feuilles cuites utilisées, jusqu'à une époque récente, pour nourrir les porcs. (198v°)

Depuis l'Antiquité, les vertus de l'orme étaient exploitées : le pouvoir cicatrisant de l'écorce, les feuilles guérissant l'« humeur noire », et la racine qui faisait, paraît-il, repousser les cheveux [41].
Même la partie dure des fruits était utilisée pour fabriquer des ficelles. Par ailleurs, le bois d'orme, dur et résistant, a très longtemps servi « *à l'expansion du charronnage et son maintien jusqu'à ces dernières décennies* [42] ».

Le hêtre était réputé antiseptique, astringent, fébrifuge par son écorce. Ses feuilles servaient de fourrage et de litière, comme celles de l'orme. La légende prétend que le premier livre fut constitué de fines feuilles de bois de hêtre, première surface sur laquelle des mots auraient été écrits [43].

Le Hêtre, dont les faines, comestibles en petite quantité deviennent vite toxiques. (166)

Pin pignon, dont les fruits « chauds et humides… ont vertu d'adoucir, d'assouplir, humidifier et certaine vertu pour ouvrir et déboucher ». Par ailleurs, selon Platearius « ils émeuvent le désir de luxure… ». (188)

Les graines du pin pignon, « pignes » comestibles, étaient très appréciées. Elles figuraient en particulier parmi les « boutehors » (aliments offerts à la fin des repas de fêtes lorsque les convives quittaient la pièce) sous forme de *pignonat,* sorte de nougat de pignons [44].
Selon « la théorie des analogies », les dents de la pomme de pin seraient un des miroirs (peu flatteur) des dents humaines.

Pour Platearius [45], l'écorce pulvérisée du saule blanc, mêlée à du vin, était bonne « *contre les écorchures des boyaux* ».
C'est cette écorce, préconisée depuis Hippocrate comme analgésique et fébrifuge, qui contient le principe le plus précieux, le *salicium,* ou *salicine.* Ce n'est pourtant qu'en 1828 que Johann Andreas Buchner isola la salicine, cristallisée ensuite par Pierre Joseph Leroux. L'acide acétylsalicylique dérivé de cette salicine, et commercialisé en 1899 par Bayer, est connu depuis sous forme d'aspirine.

En bas, à gauche
Saule blanc, châtons mâles, appelés « mitons de saule ». (150v°)

En bas, à droite
Saule blanc, châtons femelles. Les châtons étaient réputés calmer les ardeurs humaines intempestives. Les feuilles avaient, selon Dioscoride et Matthiole, le même effet apaisant. (161v°)

Le Baguenaudier,
sorte de faux acacia. (148)

L'érable sycomore, « *à la signification initiatique.... Arbre d'immortalité ou de connaissance* [46] » était par ailleurs très utilisé en lutherie et pour de délicats travaux de marqueterie.

Le baguenaudier, dont le nom « *baguenaudes* » est déjà le même dans les *Grandes Heures*, ne semble pas avoir figuré dans des traités botaniques avant Mattioli, en 1554. Pourtant, ses propriétés semblables à celles du séné devaient être connues puisque le nom latin dans le manuscrit est « *species sene* ».

Seulement huit arbres des forêts parmi les centaines de plantes des *Grandes Heures*, semble un choix bien limité. Nous savons pourtant que les forêts alentour étaient nombreuses et particulièrement appréciées pour la chasse ; la plupart des arbres représentés ici devaient figurer parmi les essences les plus fréquemment rencontrées. Et dans un jardin, outre leurs précieuses vertus, ils offrent la fraîcheur et l'abri de leurs feuillages.

L'Erable sycomore,
avec ses fruits en longues grappes, très décoratif, était surtout recherché pour son bois tendre et blanc. (153v°)

Tableau du mois d'octobre :
Les semailles du blé.
(13)

LES CHAMPS ET LES VIGNES

DEVANT NOS YEUX, encadrés par les forêts, s'étendent des champs…

Les céréales, dont la moisson à la faucille se faisait en juin selon le Tableau de ce mois, sont représentées par l'orge, le seigle, le blé, l'avoine, le millet (cette dernière figurant aussi en trois variétés), le sarrasin, ou blé noir.

Ces céréales sont représentées en se suivant folio par folio – rare exception dans les *Grandes Heures* pour une même catégorie de plantes – ce qui souligne leur importance. Il est vrai que cette importance est grande : aliment de base de tout temps depuis la préhistoire, pour l'homme et le bétail, les céréales ont toujours joué aussi un grand rôle en médecine.

En haut
Tableau du mois d'août :
le blé est vanné dans la cour du château (11)

Seigle. Longtemps considéré comme un parasite du blé. Il était souvent utilisé au Moyen Age mélangé au blé, ou seul mais moins apprécié. L' « ergot de seigle » provoquait le terrible « Mal des Ardents ». (94 v°)

Le Blé, probablement la plus ancienne des céréales cultivées, connue au Kurdistan 8 000 ans avant notre ère, partout présent en Europe dès le IIIe millénaire. Il était, et reste en France la plus appréciée et consommée des céréales. (95)

Blé noir ou sarrasin.
Plante introduite en France vers la fin du Moyen Age, et, selon J. Camus « autant que je sache, la plus ancienne mention du sarrasin en France ». (12 v°).

Blé, froment, épeautre, ou l'une des multiples variétés cultivées – on en connaît de nos jours plus de quatre mille, de l'Afrique du Sud au cercle polaire [47] –, sont « *de tous les grains, la meilleure nourriture par leur ressemblance avec la nature et la complexion de l'homme* [48] ».
Ils figurent dans de nombreuses recettes, outre celles des pains, galettes et gâteaux, notamment celle de la *fromentée* pendant longtemps associée à la venaison. Cette *fromentrée ou fourmentée*, citée dans plusieurs recueils de recettes du Moyen Âge [49], consiste en froment mondé cuit « *une heure et demie dans l'eau salée* » ; refroidi, on le versait dans du lait bouillant « *jusqu'à ce qu'il bout de nouveau, en tournant avec une cuillère en bois* », puis on y ajoutait des œufs battus…
Parmi les applications médicales du blé, ses qualités adoucissantes étaient appréciées : l'huile de froment soignait les dartres et les boutons, mais elle pouvait aussi « *ramollir les mamelles* [50] ». Hildegarde de Bingen donnait par ailleurs une recette que l'on aurait envie d'essayer : « *Qui a mal au dos et aux reins, posera des grains de blé cuits et chauds sur l'endroit douloureux et la chaleur du blé brisera le pouvoir de cette infirmité* [51] ! »
Outre ces vertus utilitaires, l'épi de blé avait pour Anne de Bretagne une importance particulière. Son grand-oncle, le duc François Ier de Bretagne (qui régna de 1442 à 1450), avait créé, vers 1450, l'ordre chevaleresque de l'Epi « *représenté par un collier en argent, composé d'épis et terminé par une hermine pendante* [52] ».

La farine de l'orge, moins appréciée et moins aisément panifiable que celle du blé, était employée en bouillies et galettes, mais aussi et surtout pour l'alimentation du bétail. Depuis la préhistoire, ses grains fermentés donnaient une boisson, devenue la *cervoise*, puis la bière que nous connaissons ; et le sirop d'orgeat a traversé les siècles. Le sucre d'orge aussi, qui était autrefois un sirop de décoction d'orge, cuit et réduit jusqu'à être cristallisé.
Les qualités émollientes et reconstituantes de l'orge qui sont encore reconnues, étaient déjà utilisées dans la *ptisanê* d'Hippocrate, ancêtre de notre tisane ; Hildegarde de Bingen en faisait un remède contre la faiblesse et la maigreur [53] : « *Une personne qui est sans forces, amaigrie, fera cuire l'orge dans l'eau à gros bouillons,*

Orge dont la culture est presque aussi ancienne que celle du blé. (94)

Tableau du mois de juillet : la moisson (10)

versera cette eau dans un tonneau et s'y baignera. Elle fera cela souvent, jusqu'à ce qu'elle retrouve la santé et que son corps se remplisse à nouveau de chair. »

L'orge fournissait aussi des « *buvrages pour malades* » comme les nomme le *Mesnagier de Paris* [54], à base d'orge, de réglisse et de figues (« *l'orge peut ensuite être donnée aux volailles pour les engraisser...* »), ou un « gruau d'orge », en mêlant l'orge cuit et pilé à du lait d'amandes sucré.

Mais cette céréale avait au XVe siècle bien d'autres qualités : sa farine était bonne contre la fièvre ; cuite en cataplasme contre la gourme, les croûtes, les ecchymoses ; ses grains en tisane pour le foie et l'estomac, et même en tisane qui « *donne bonne et claire vue à ceux qui ont le cerveau sain* [55] ».

Millet aux propriétés antianémiques toujours reconnues. (96)

L'avoine, adoucissante et calmante, était employée aussi bien pour apaiser les inflammations que pour embellir peau et cheveux, comme elle n'a jamais cessé de le faire.
Elle était aussi utilisée pour soigner les fièvres « *tierce et sinoque* ».

Il faudrait accorder une place au millet dans les régimes amincissants puisque, selon le *Livre des simples médecines*, « *il est le moins nourrissant de tous les grains dont on fait le pain... ceux qui veulent grossir n'en doivent point user* [56] ».

Avoine aux qualités nutritives bien connues pour les humains et les animaux, comme elles le sont encore. Elle était considérée « *comme très bonne nourriture* ». (95v°)

Jarosse (79)

Mélampyre des champs (103 v°)

Brize tremblante, appelée aussi *« tremblette »*, *« amourette »*… (230)

A ces céréales que nous connaissons et apprécions toujours, il faut ajouter trois intruses : la mélampyre des champs, dite « blé de vache », la jarosse, et la gesse bleue.

Une petite graminée la brize tremblante, probablement non comestible, était elle aussi fréquente dans les champs de céréales.

Ces graines, plus ou moins comestibles, ont un rôle ambigu selon les variétés difficiles à identifier : tantôt considérées comme parasites des moissons et juste bonnes pour le bétail ; tantôt variété de graines à part entière et/ou servant à colorer et parfumer le pain [57]…

Sur le *Tableau* du mois de juillet qui représente la moisson du blé, nous voyons à la base des tiges une multitude de petites fleurs.

Nous retrouvons ces fleurs dans les marges des *Grandes Heures* : bleuets, centaurées, coquelicots, nielles,

Bleuets des champs, de la même famille des composées que la centaurée jacée.(20v°, 55v°)

Bleuet à fleurs blanches. (99v°)

Centaurée noire ?, difficile à identifier, puisque Jussieu la nomme *Cirsum anglicum*, Decaisne *Centaurea*, et J. Camus… ne se prononce pas. (126)

5v°)

(20v)

(99v°)

(126)

Gesse bleue (192)

Coquelicots, petits frères sauvages du pavot. (98v°)

Coquelicots, que nous associons souvent aux bleuets et qui, comme eux, ont peu à peu disparu des champs de blé. (22)

Centaurée jacée (famille des *composées*). Les centaurées doivent leur nom au centaure Chiron, éducateur d'Achille et réputé pour ses talents de guérisseur. Comme leur parrain, elles étaient censées guérir les blessures. (53)

Petite centaurée (de la famille des *gentianacées*). (88v°)

Nigelle Autrefois recherchée pour apaiser les piqûres d'insectes. Ses boutons confits dans le vinaigre servaient de condiment (219).

Coquelourde ou **compagnon rouge** (29)

Lychnis (39)

Compagnon blanc (48 v°)

Compagnon rouge (56 v°)

(98v°)

(22)

lychnis et compagnons rouges et blancs, nigelle, silènes, pâquerettes, chrysanthème des blés, et même la redoutable ivraie.

Ces humbles fleurs messicoles, si souvent traquées de nos jours par les pesticides, sont donc ici largement représentées et, pour la plupart, sous plusieurs aspects. Elles n'étaient pas considérées comme nuisibles, mais au contraire précieuses à bien des égards. Outre leurs pouvoirs cicatrisants, les centaurées possèdent des qualités apéritives et toniques si précieuses, que nous les retrouverons, cultivées, dans le jardin.

Nous reconnaissons encore l'action apaisante pour les yeux, des bleuets appelés aussi « casse lunettes », mais apparemment spécialisée pour les yeux bleus (pour les yeux sombres, nous trouverons plus loin le plantain).

Les coquelicots ont des qualités calmantes, pectorales et adoucissantes ; ces vertus plus modestes que celles des pavots que nous rencontrerons plus loin, mais moins dangereuses, étaient déjà connues des anciens Egyptiens.

D'autres plantes des champs avaient aussi des vertus, guérisseuses ou non : la pâquerette, outre des vertus béchiques, contient de la *saponine*, substance calmante [58]. Pour être consommée, elle doit être cueillie « *tôt au printemps : ses rosettes de jeunes feuilles avec des boutons encore verts représentent une importante source de vitamine C...* », et préparée en légumes, confites en boutons dans le vinaigre ou ses fleurs en sirop [59].

La nielle des blés était considérée comme dangereuse : « *Ne pas faire cuire car la médication serait trop forte et trop violente... Constantin dit qu'absorber une trop grande quantité de nielle peut tuer* », écrit Platearius [60]. Elle était cependant cuite dans le

219

53

88v°

Lychnis cuculi (32 v°)

Marguerite (20)

La Silène, comestible, se cuisait comme les épinards. (40v°)

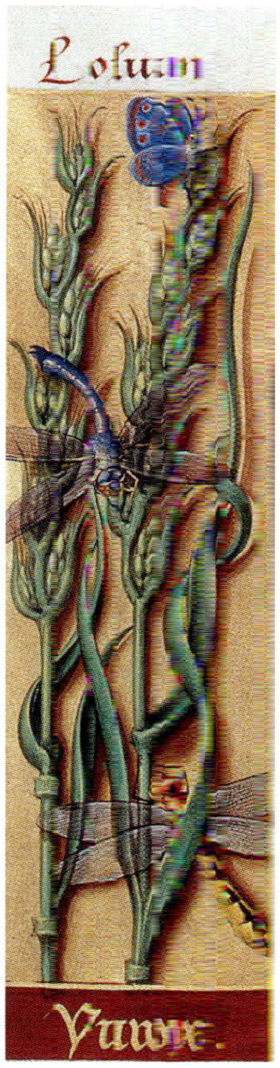

L'Ivraie, la « *zizanie* » comme elle est nommée dans la Bible qui recommandait de la séparer du bon grain… (et que nous devons éviter de « semer »). (145)

(38)

A gauche :

La Nielle des blés dont la toxicité était déjà connue, s'utilisait sous forme d'onguent. (38)

La Pâquerette soignait la toux, et pendant longtemps, la macération de cette fleur fut appliquée sur les ecchymoses. (44v°)

La Pâquerette se mangeait en salade, et certains auteurs contemporains recommandent encore cette consommation. (78v°)

vin et mêlée à de l'huile de noix, contre la gale et les dartres. Et même, séchée et réduite en poudre pour teinter le vin : « *Versez en secrètement dans le verre avec le vin blanc qui deviendra rouge*[61]. »
Les jeunes pousses de la silène, mêlées par exemple à des rosettes de coquelicot, figuraient encore au siècle dernier parmi les herbes entrant dans des plats de disette[62].
L'ivraie n'était pas détruite. Bien au contraire, outre ses pouvoirs supposés contre la goutte, l'hydropisie et la jaunisse, elle était à la base d'une recette pour le moins énergique « *broyée avec du raifort et du sel elle soigne les chancres, et avec du soufre vif les plaies de la lèpre* ».

(44v°)

(78v°)

Chrysantème des blés (56)

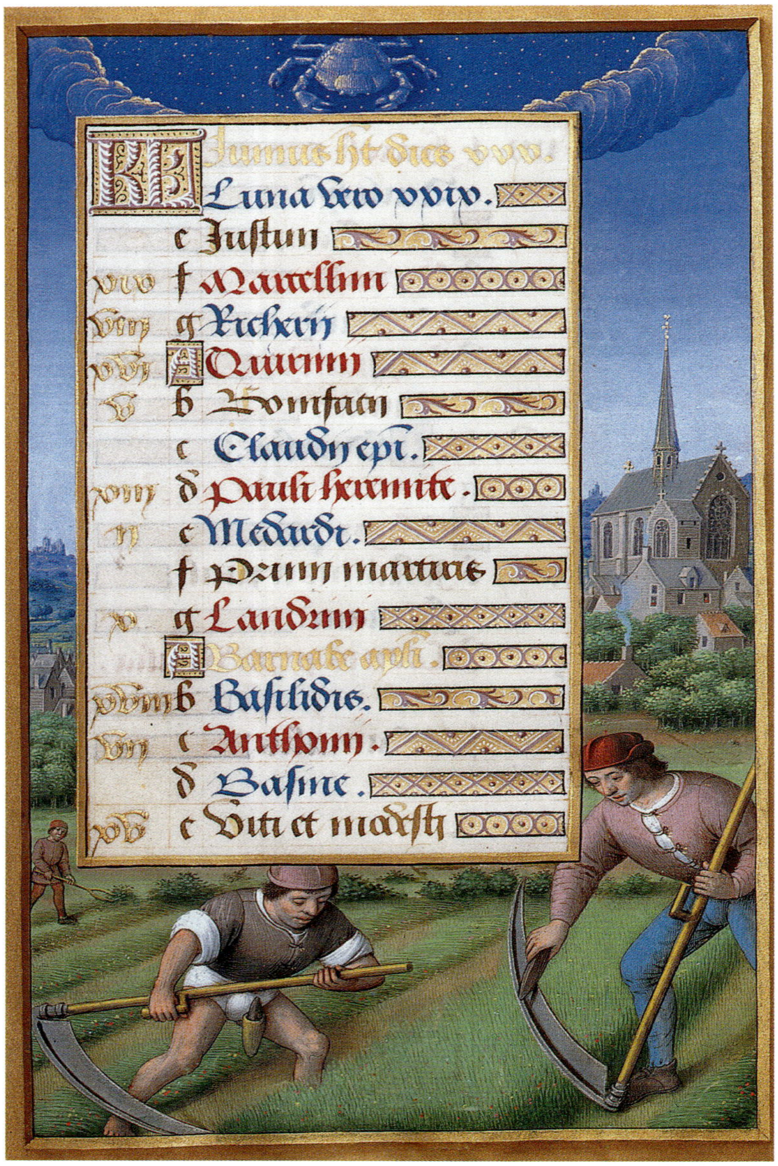

Tableau du mois de juin : la fenaison (9)

Trèfle (50)

Trèfle incarnat (8 v°)

Près des champs de céréales se trouvaient des pâturages, dont nous voyons la fenaison sur le *Tableau* du mois de juin.

Mais lorsque nous reconnaissons des variétés de trèfle dans les marges des *Grandes Heures* : trèfle incarnat, trèfle des champs, « *treufle menu* », nous ne pouvons que supposer leur présence en masse dans les pâtures. Il semble en effet que la culture fourragère telle que nous la connaissons, avec des plantes sélectionnées – trèfle, luzerne, sainfoin –, cultivées pour la nourriture du bétail, n'ait été au XVIe siècle qu'à ses tout débuts et réellement développée seulement à partir du XVIIIe siècle [63].
En tout cas, depuis Dioscoride, le trèfle était utilisé comme diurétique et pour soigner les verrues.

Trèfle des champs (69 v°)

Lin, dont les champs déploient de merveilleuses étendues bleu azur. Ces champs de lin quelque peu abandonnés depuis le succès remporté par le coton importé au XIXe siècle, étaient cultivés depuis de nombreux siècles. (74)

Les fibres du lin, filées, teintes et tissées, fournissaient l'essentiel de l'habillement avec le chanvre. Les graines de lin étaient considérées comme comestibles, mais « de qualité nutritive négligeable ».
En revanche, ces graines avaient « *vertu de mûrir, amoindrir et atténuer les humeurs* [54] ». Elles étaient déjà citées pour ces qualités émollientes et adoucissantes par Théophraste au Ve siècle av. J.-C.
Et c'est l'huile de lin incluse dans la composition de la peinture, dès le XVe siècle, qui a offert aux peintres une plus grande souplesse et plus de brillant à leurs œuvres.

Chanvre mâle.
« L'emploi à contresens de ''mâle'' et de ''femelle'' habituel chez les anciens botanistes », selon J. Camus, se retrouve dans les Grandes Heures. (88)

Chanvre femelle.
Le chanvre, peut-être moins intensément cultivé que le lin et moins raffiné, était également destiné à la fabrication de tissus. (90v°)

Outre les étoffes, le chanvre servait aussi et surtout, à faire des cordages. Cette utilisation est très ancienne puisqu'il semble que ce sont les cordages de chanvre, plus solides et fiables que la filasse de lin précédemment utilisée pour tendre les voiles, qui ont permis aux marins grecs de quitter la Méditerranée.

Le rôle analgésique du chanvre était par ailleurs connu depuis l'ancienne Egypte. Celui représenté ici, *canabis sativa,* chanvre européen, est légèrement euphorisant et servait peut-être comme calmant, mais il n'a pas les pouvoirs hallucinogènes du *canabis indica,* chanvre indien, malheureusement le plus connu maintenant...

Tableau du mois de septembre :
les vendanges. (12

Nous sommes dans le Val de Loire, région de vignobles. Le *Tableau* du mois de septembre illustrant une scène de vendanges et de belles grappes de **raisins noirs** nous le confirment.

Raisins et vin, dont la fabrication était connue des Egyptiens il y a 5 000 ans, sont chargés de symbolisme. « Yeux d'Horus » ; « larmes d'Adam » pour l'Islam ; création de Dionysos pour les Grecs, et, malgré les excès causés par le vin depuis l'ivresse de Noë, devenu pour les chrétiens le « sang du Christ », présent dans la Communion.

Le vin était consommé pur ou additionné de miel et d'épices. Il était considéré comme aliment ; malades ou bien portants en buvaient semble-t-il de grandes quantités, plus d'un litre par jour. Il faut préciser que le vin était beaucoup moins alcoolisé que maintenant, titrant de 6 à 8° [65]. Il était aussi très employé pour cuire potages, viandes, volailles. Le verjus, à base de raisins verts, le vinaigre et même le moût additionné de gingembre et de miel, entraient dans la composition des sauces et dans de multiples recettes. Les pépins du raisin servaient – et servent toujours – à faire de l'huile.

Ce **Raisin noir** ne représente pas seulement des treilles dans le jardin, mais aussi les vignobles des environs. (156)

Tableau du mois d'avril : le jardin clos de murs et de croisillons. Les « banquettes » de briques recouvertes d'herbe permettaient pauses confortables et conversations à l'abri des regards. (7)

LES JARDINS

QUITTANT FORÊTS, champs et vignobles des alentours, nous franchissons les clôtures de notre jardin imaginaire, murs ornés de palissades en croisillons, comme ceux représentés dans le *Tableau* du mois d'avril et sur de nombreuses miniatures dans des manuscrits contemporains des *Grandes Heures*.

LE VERGER

A l'abri des vents et des voleurs, s'accommodant fort bien des clôtures, souvent adossés à elles en espaliers, ou même parfois les renforçant, taillés en haies épaisses, les arbres et arbustes fruitiers apparaissent, nombreux. Stazio Gadio, visitant les jardins de Blois en compagnie de François Ier, environ dix ans après les *Grandes Heures*, écrit à François de Gonzague, marquis de Mantoue : « … *Il lui a montré la quantité et la variété des fruits qui y sont en abondance* [67]. »

Abricots (170)

Ci-dessous :

Pommier « de paradis »

«… la pomme est le premier de tous les fruits, celui qui vaut pour tous les autres et celui qui prend le pas sur tous les autres… ». (cf. n.68) (65)

A droite :

Pommier « de roueau »

«… la pomme est le chief de la gent fructière », dit au XVIe siècle Julien Le Paulmier, médecin du roi de France Charles IX. (182)

Pommier, en fleurs et en boutons ; pommier « de paradis » ; « pommier de roueau », La pomme très présente ici, est surchargée de symbolismes, comme toujours ambivalents. Dans la religion chrétienne, elle est à l'origine du malheur d'Adam et Eve chassés du paradis terrestre : fruit de la connaissance, du plaisir, de la tentation, mais aussi de l'impossible et de la chute, elle représente tour à tour le mal du péché originel et la rédemption par le Christ, souvent figuré tenant une pomme, prenant ainsi sur lui les péchés du monde.

Déjà dans la mythologie grecque, Paris aurait offert une pomme à Aphrodite, elle aussi symbole de tentation et de beauté, d'amour pur ou de luxure. Vénus ou Eve, les symbolismes de la pomme sont souvent rattachés à la féminité, dans ses aspects nourriciers et attrayants, mais aussi dans des aspects maléfiques que les Pères de l'Eglise accentuaient pour éloigner leurs ouailles du redoutable pêché de chair.

Epurée et magnifiée, elle devient pourtant souvent, représentée dans la main de la Vierge, le symbole de sa fécondité rédemptrice.

Il est impossible d'évoquer ici les autres innombrables exemples de cette importance symbolique de la pomme : force et puissance lorsqu'elle remplace le globe dans les représentations de dieux ou d'empereurs ; réceptacle de l'immortalité dans les pommes d'or du Jardin des Hespérides ; pour Tantale, tentation inaccessible concrétisée par la pomme, selon

A gauche :

Pommier en fleur.

En latin archaïque comme en latin classique, le mot « pomum » s'applique à tous les fruits produits par des arbres ou des arbustes… Dans la culture occidentale, la pomme n'est pas seulement un fruit, un fruit parmi d'autres…. (30)

Prunier domestique en fleur. Les pruniers n'avaient pas, en Occident, la valeur symbolique de fruits comme la pomme ou la grenade... (46v°)

Prunellier (Epine noire), variété sauvage de pruniers, souvent liés, comme l'aubépine, aux rites de fertilité. (109v°)

Apollodore au IIe siècle ; associée à la connaissance, la science et le sacré chez les Celtes... Ainsi que ses multiples rôles dans les légendes et les contes, dont la pomme empoisonnée de Morgane dans *Lancelot,* ou celle offerte à Blanche-Neige, sont parmi les plus connus... On pourrait même y ajouter la pomme, censée être à l'origine de la découverte, par Newton, de la gravitation universelle : il semblerait que ce soit une légende, racontée (imaginée ?) par Voltaire – Newton, quant à lui, n'y a semble-t-il jamais fait allusion [68] !

Plus pratiquement, la pomme a beaucoup de vertus, gustatives, mais aussi médicinales toujours bien connues et appréciées, telles que son action adoucissante employée depuis des siècles comme cosmétiques soignant la peau et les cheveux. C'est d'ailleurs la pomme qui a donné naissance au mot « pommade », venu du latin « *pomum* »...

Les pommes sont aussi, et nous le savons bien, digestives et apaisantes.

Après nous être attardés sous les ombrages des pommiers, « rois » des arbres fruitiers, nous rencontrons des pruniers, domestique et « de Damas ».

Outre leurs qualités nutritives, les prunes avaient de nombreuses applications médicinales : fébrifuges, stimulantes, antifatigue... et Platearius les conseille déjà, séchées, cuites dans de l'eau, contre « *le ventre serré* ».

La superstition au Moyen Age attribuait à leur variété sauvage, le prunellier (ou épine noire), un rôle dans la sorcellerie : les « marques du diable », faites

Prunier de Damas, au pied duquel se nichent deux petits singes malicieux, tels que les affectionnait la reine Anne. (112)

Ci-dessous :

Le Cerisier griotte, originaire d'Asie centrale, aurait été rapporté en Europe par le général romain Licinius Lucullus, après sa victoire sur Mithridate. (85)

A droite :

Pêcher avec fruits. (180)

sur les sorciers par le diable avec l'épine noire, permettaient ainsi de les repérer… et de les brûler avec le même bois !

Les cerises griottes ont de multiples ressources. Les qualités rafraîchissantes et gustatives de leur pulpe, riche en vitamines, ainsi que celles diurétiques de la tige, continuent d'être connues et utilisées depuis l'Antiquité. Celles des noyaux le sont moins maintenant que nous savons qu'ils contiennent un peu d'acide cyanhydrique ; ils étaient pourtant autrefois réputés soigner les douleurs abdominales des enfants. Hildegarde de Bingen en indique une recette qui consiste à « *mettre les noyaux dans le vinaigre et en manger souvent le matin* [69] ».
D'une façon générale les griottes « *conviennent aux colériques et aux personnes jeunes ; elles donnent de l'appétit, confortent l'estomac et en ôtent les douleurs* [70] ».

Il n'en est pas de même pour l'abricot, car, jusqu'au XVIIIe siècle, « *on ne verra dans l'abricot qu'une chair des plus suspectes, très corruptible, fauteuse de fièvre* [71] ».

Malgré leurs qualités gustatives, apéritives, sédatives, les fruits du pêcher n'avaient pas non plus bonne réputation auprès des médecins. Ceux-ci les considéraient comme « froids et humides au 3e degré », les déconseillaient aux flegmatiques et aux mélancoliques, et, pour les autres, préconisaient de les manger à jeun et de « *boire après du bon vin vieux et fleurant bon* [72] » !

Les fruits de l'**Abricotier,** provenant d'Arménie, apportés en Europe par les Romains au Iᵉʳ siècle de notre ère, faisaient l'objet d'une certaine méfiance : « *Ils provoquent la fièvre et ils sont mauvais, de quelque manière qu'on les prenne.* » (170)

Pêcher en fleurs. Venus de Perse, d'où leur nom de « *malum persicum* », les pêchers étaient connus en Europe depuis Alexandre le Grand. (42v°)

Le **Poirier** avait une réputation vaguement néfaste, peut-être à cause de son bois « qui pourrit facilement et qui craque... » Les poires semblent avoir été plus péjorativement féminisées que les pommes, auxquelles elles étaient considérées comme inférieures. Lorsque la poire est l'un des attributs d'Aphrodite, ce n'est que pour représenter son aspect érotique. (172)

Cognassier, dont les fruits, utilisés surtout maintenant en confiserie, étaient connus et très appréciés dès l'Antiquité. En Grèce, ils étaient offerts aux dieux, ou en gage d'amour aux humains. (160)

Le poirier « *en général, n'occupa pas beaucoup l'imagination populaire* », selon A. de Gubernatis.

Malgré de nombreuses réticences, les poires étaient beaucoup plus appréciées que les abricots ou les pêches. Elles étaient consommées plutôt cuites que crues, les variétés cultivées alors n'étant probablement pas aussi douces et sucrées que celles que nous connaissons maintenant. Le *Mesnagier de Paris* [73] nous indique que « *fraîchement cueillies, il convient de les faire cuire à l'eau* ». Pour la variété dite « poire d'Angoisse », connue dès le XIe siècle et probablement originaire du village d'Angoisse en Dordogne, le *Mesnagier* précise « *pour leur donner une couleur rouge, mettez-les à cuire avec du foin... Nota : qu'il faut mettre sur les poires de la graine de fenouil bouillie dans du vin nouveau puis séchée, ou encore de la dragée* ».

Il faut ajouter que toutes les poires n'étaient pas aussi dures et insipides, puisqu'un moine dominicain italien, Francesco Florio [74], visitant la Touraine en automne 1467, est enthousiasmé, entre autres choses, par la qualité des poires « *Bonum christianum* ». Il déclare (en latin) ces poires de « bon chrétien », merveilleusement bonnes aussi bien crues que cuites, et dignes d'être des fruits du paradis...

Hippocrate recommandait les fruits du cognassier comme astringents et antidote de poisons, ils furent reconnus et utilisés comme tels jusqu'au XVIIe siècle. Une sorte de pâte de coings, le « *Diacydonium* », « *conforte la digestion et est excellente pour ceux qui relèvent de maladie* [75] ». Cette pâte était faite de coings épépinés, pelés, cuits, passés, puis mêlés à du miel et recuits. Au dernier moment on y ajoutait de la poudre d'épices, puis la pâte obtenue était étalée sur une table et coupée en morceaux...

Châtaignier.

« Les châtaignes se digèrent bien, surtout par rapport aux glands et sont plus nourrissantes qu'eux. Elles engendrent dans le corps des humeurs modérées et bonnes ».

(124)

Le châtaignier, dont le surnom d'« arbre à pain », illustre bien l'intérêt nutritif [76].

Son bois imputrescible a aussi toujours été précieux au fil des siècles pour les charpentes. Il présente même la particularité d'être réfractaire aux attaques des insectes destructeurs...

Les entrelacs délimitant les jardins étaient souvent faits en brindilles de châtaigniers.

Noisetier sauvage (coudrier). (92)

Noisetier cultivé, dont les fruits portaient le joli nom de « nourilles » et semblent bien avoir été les plus consommés des fruits secs. (34)

Noisetiers sauvage (coudrier), ou cultivé, figurent parmi les végétaux les plus anciennement connus, présents depuis l'époque tertiaire.

Les légendes et les symboles qui s'y rapportent se réfèrent le plus souvent aux dons de guérisseur et d'inspirateur qu'on lui prêtait : bâton du caducée d'Hermès ; baguettes des druides vectrices de magie et d'intuition ; baguettes de coudrier réputées seules capables d'aider les sourciers ; souvent bois des bâtons de pèlerins.

Les vertus médicinales des noisettes étaient multiples : fébrifuge, calmant la toux pour Dioscoride ; combattant l'impuissance pour Hildegarde de Bingen ; soignant les morsures de chien enragé (pilées avec du sel, du miel et des oignons) pour Platéarius, et, pour Mattioli, servant, pilées avec de la graisse d'ours, à faire repousser les cheveux.

Platéarius, encore, proposait une recette originale pour maigrir : « *Pour ceux qui sont trop gras et qui veulent maigrir, bouillir des fleurs de noisetier dans du vin jour et nuit en rajoutant du vin quand nécessaire. Filtrer et boire pendant cinq jours. Et que tout ceci soit fait au mois de février*[77]. »

Les noisettes « *noysilles* », servies natures ou enrobées de sucre, lors de la « desserte » avant la fin du repas, avec d'autres friandises, devaient contrebalancer cette recette...

Les racines enfin étaient utilisées en marqueterie, tandis que les fins rameaux servaient à faire paniers et vanneries diverses...

Le noyer est souvent néfaste pour les plantes poussant sous son ombre. Il étendait selon Pline ce maléfice aux hommes. Il était considéré comme aimé du diable et des sorcières.

Mais ses fruits étaient symboles des épousailles dans le Cantique des Cantiques. Pour saint Augustin, l'écorce et la coque représentaient les images du bois de la Croix et de la chair du Christ, et les cerneaux « *le contenu de la révélation divine* ».

Et pourtant, les noix, elles aussi, avaient mauvaise réputation. Les médecins médiévaux dissuadaient leurs patients de consommer des noix, surtout sèches, « *nuisibles au corps et dures à digérer* », autrement que comme médicaments... ce qui n'empêchait personne de le faire.

Pour la médecine des analogies, la noix représentait la tête humaine, la coque les os du crâne, la pellicule jaune les méninges, l'amande les hémisphères cérébraux et devait donc remédier à leurs maux...

Ces fruits très nourrissants fournissent aussi de l'huile dont Hildegarde de Bingen disait déjà : « *L'huile pressée des noix est chaude et engraisse la chair de celui qui*

Le **Noyer** au symbolisme très ambigu... (212)

Le **Sureau,** connu depuis la préhistoire, était alors cultivé et pouvait atteindre une grande hauteur. (190)

la mange et rend ses pensées joyeuses », en ajoutant malheureusement que « *la poitrine en devient pourtant poussive* ».

Avec les noix fraîches, on préparait une « *confiture de noiz* » dont le *Mesnagier de Paris*, un siècle plus tôt, donne la recette et qui consistait à les percer, les peler, les mettre à tremper pendant neuf jours en renouvelant l'eau, les laisser sécher puis « *mettez des clous de girofle et du gingembre dedans les trous, mettez à bouillir dans du miel et conservez les ainsi* ».

L'écorce, les feuilles du noyer contiennent un tanin qui servait à traiter les cuirs, mais aussi un colorant permettant d'obtenir diverses nuances de brun rouge.

Tous ces arbres et arbustes fruitiers connus depuis des siècles, sont encore présents dans nos jardins et vergers. D'autres, figurant dans les pages de notre manuscrit, étaient très appréciés, mais ne sont plus que rarement cultivés maintenant.

C'est le cas du sureau. Nous connaissons bien sûr cet arbuste, qui pousse dans les haies, dans les gravats, dans un coin un peu sauvage du jardin, sans que nous y accordions en général une attention particulière.

Chargé de symbolisme et, toujours selon l'ambivalence des signes, symbole de tristesse car la légende voulait que le bois de la Croix soit en sureau et que Judas se soit pendu à une branche de cet arbre… mais aussi susceptible d'éloigner les sorciers et d'attirer les bons génies, et pour cela planté près des maisons. Ou, en d'autres lieux, servant cette fois, mêlé à d'autres substances, aux maléfices des sorciers, ou à tracer leurs cercles magiques [78] !

La croyance en cette puissance magique du sureau était déjà reconnue dans l'Antiquité, citée par Apulée [79], répandue dans toute l'Europe où on lui attribue des pouvoirs tels que celui de chasser les serpents et les voleurs ou le mal du bétail, mais aussi d'attirer le malheur si l'on manquait aux égards qui lui étaient dus. Ou celle géographiquement toute proche de la reine Anne, en Bretagne : « *C'est la méchanceté du monde qui a fait que les "bonnes dames" se sont réfugiées dans le sureau… Chaque fleur des corymbes est une fée* [80]. »

Nuisible ou bienfaisant, le sureau tenait donc une

L'**Alkékenge,** arbuste plus connu sous le nom de Physalis, *« amour en cage »* ou encore « coqueret », pour la couleur de son calice floral qui ressemble à la crête d'un coq. (108)

grande place dans les croyances, mais aussi dans la pharmacopée, utilisant feuilles, fleurs, fruits, écorce. Ses nombreuses vertus médicinales, connues depuis l'Antiquité, figurant dans tous les traités de phytothérapie jusqu'à nos jours et en bonne place parmi les remèdes familiers, sont aussi bien antirhumatismales, diurétiques, purgatives, décongestionnantes, ou cosmétiques, en lotions pour éclaircir la peau et guérir les dermatoses.

Par ailleurs, les baies de sureau, dont des graines ont été trouvées dans des sites lacustres étaient probablement déjà utilisées comme aliment (ou boisson ?). Au Iᵉʳ siècle de notre ère en tout cas, Dioscoride mentionne les « *germes et tendrons* (de sureau) *cuits entre deux plats…. mangés comme les autres herbes potagères* [81] », cette préparation servant en outre « *à évacuer le phlegme et la goutte* ». Mais la consommation des fleurs et des fruits, en beignets, confitures ou boissons, répandue dans le nord de l'Europe, et que nous redécouvrons, ne semble pas avoir beaucoup tenté les habitants de la région qui concerne notre jardin…

Avant de quitter le sureau, il ne faut pas oublier les flûtes de notre enfance, taillées dans ses branches ; très anciennement connues, les flûtes de sureau figurent peut-être même parmi les plus lointains ancêtres des instruments de musique.

L'alkékenge était déjà préconisé par Dioscoride et Galien pour soigner la goutte et il continue de l'être [82]. C'est l'analogie entre son léger calice en forme de vessie et cet organe humain, qui l'avait fait utiliser pour soigner les calculs. Cette utilisation empirique se révèle toujours efficace.

Le fruit, semblable à une cerise, bien protégé dans le petit lampion de son calice, était consommé comme tel.

Les fruits du néflier, peu appréciés semble-t-il, étaient surtout utilisés médicalement, contre les fièvres et les problèmes digestifs.

La nèfle que nous trouvons maintenant le plus souvent dans le commerce n'est pas le *Mespilus germanica*, représenté dans les *Grandes Heures*, mais une autre variété beaucoup plus récemment importée d'Asie, l'*Eriobotrya japonica*…

Cornouiller, qui ne montre pas ici ses petits fruits en forme d'olives, rouge sombre, à peu près inconnus maintenant, mais qui rappellent un peu le goût des cerises acides. (224)

À droite :

Néflier avec ses fruits, un peu oubliés, peut-être parce que leur aspect « pourri » au moment propice à leur consommation est peu engageant. (116)

Néflier en fleur. (174)

Le cornouiller, arbre très présent dans les légendes grecques, est par exemple, pour Virgile l'arbre dans lequel se transforme le prince Polydore après sa mort, et depuis « *lorsqu'on détache une branche de cet arbre, il en coule du sang…* [83] ».

En médecine, l'écorce du cornouiller était réputée comme fébrifuge et son fruit, ami de l'estomac : « *Manger le fruit de cet arbre ne nuit point, cela nettoie et fortifie tant un estomac faible qu'un estomac sain et aide l'homme à recouvrer la santé* », écrivait Hildegarde de Bingen.

Le bois de cornouiller, dur et au grain serré, servait à faire, entre autres, de solides manches d'outils. Cette solidité était connue dès l'Antiquité, puisque selon la légende le cornouiller serait le bois qui aurait servi à construire le cheval de Troie ; les Grecs auraient pour cela coupé plusieurs cornouillers sur le mont Ida dans un bois consacré à Apollon… pour calmer la fureur de celui-ci, ils durent instituer une fête, la *Karneia* [84]…

L'Oranger représenté ici est peut-être celui légué à la reine Anne lors de son enfance nantaise par Eléonore de Navarre, sa grand-mère, et qu'elle avait emporté avec elle « *en France et qui aurait vécu jusqu'au début du* xxe *siècle dans les serres de Versailles* ». (168)

D'autres arbres sont plus étonnants ici. Tout d'abord ceux que nous sommes habitués à voir cultivés dans des régions plus chaudes que la Touraine ou le Blésois et qui apparaissent dans les pages des *Grandes Heures* : grenadier, oranger, palmier…

Ils ont besoin de l'abri et de la tiédeur des lieux clos. Dans sa lettre à François de Gonzague, Stazio Gadio décrivant les jardins de Blois, dit : «… *Il l'a mené dans un autre petit jardin, de la reine, où il y a beaucoup de cédratiers, de citronniers, et d'orangers, mais dans des caisses…* »

Nous ne trouvons pas dans les pages des *Grandes Heures*, de représentations de citronnier ni de cédratier, mais il est probable que, cette lettre ayant été écrite en 1516, François Ier les ait fait rapporter de ses campagnes d'Italie.

En revanche, l'oranger est bien présent. L'orange amère, ou bigarade, était connue depuis longtemps, mais l'orange douce était d'importation relativement récente et de culture peu connue au nord de la Loire. L'oranger épineux, représenté ici donnait peut-être, s'ils arrivaient à maturité, des fruits amers eux aussi. Un peu plus tard, Mattioli préconise l'infusion de ses feuilles comme sudorifique : « *Cette infusion fera tellement suer le patient qu'elle fera sortir toutes les méchantes humeurs sur la peau* [85]. »

L'oranger, grâce à ses fleurs, est en outre depuis un célèbre calmant…

Ses qualités nutritives et son parfum, extrait du zeste en essence de Néroli, ou des fleurs, ne sont plus à vanter ; mais sa banalisation en France n'est que très récente.

Le **Grenadier** est connu depuis des millénaires, cultivé en Egypte, arbre préféré du roi Salomon selon la légende, acclimaté par les Arabes dans le Sud de l'Espagne où il donna le nom de son fruit à la capitale andalouse. (120)

Amère ou non, l'orange était aussi utilisée en gastronomie. Le *Mesnagier de Paris*, au XIVe siècle mentionne ce fruit à plusieurs reprises et donne la recette de l'*orangeat*, sorte de confiture faite de pelures d'oranges trempées dans l'eau pendant neuf jours, bouillies, essuyées, recouvertes de miel et bouillies avec, jusqu'à « *ce qu'une goutte tombée dans une écuelle d'eau ne se répande pas et se maintienne comme telle* ». Les pelures ainsi cuites étaient mises en couches superposées, intercalées de poudre de gingembre, « *laissez reposer pendant au moins un mois, puis mangez* [86] ».

L'importance symbolique de la grenade est grande et complexe, notamment celle de la grenade éclatée.
A Rome, elle est le symbole de la fécondité et du mariage, et l'un des attributs de Junon. Souvent citée dans la Bible, comparée dans le Cantique des Cantiques aux joues de la bien-aimée, toujours en symbole d'amour et de fécondité, la grenade devient peu à peu avec la chrétienté et parmi de nombreuses autres significations, une référence à l'amour céleste. Son jus représente le sang des martyrs, les graines la communauté des chrétiens, la grenade éclatée montrant la multiplicité des dons divins.
Présent partout, sur les marges des manuscrits comme sur les tapisseries ou les étoffes, le symbole de la grenade au XVIe siècle suit une tradition longue et compliquée. Dans des œuvres à peu près contemporaines des *Grandes Heures*, Martin Schongauer ou Jérôme Bosch par exemple, opposent la grenade, symbole du pêché personnifié par Marie-Madeleine, à l'« *hortus conclusus* », ce jardin clos de la chasteté et de la virginité, en une union rédemptrice [87].
Mais le grenadier est aussi un arbre utile. En médecine, il était prescrit comme un précieux vermifuge, cité par Dioscoride, Pline, Barthelemy, botaniste anglais du XIIIe siècle, qui écrivait que « *les fleurs, le fruict et l'escorce, quand on en boit la pouldre tue les vers qui sont de long temps au corps* [88] ». Et si la grenade a longtemps été symbole de fécondité, la biochimie moderne montre que « *ses graines sont une des sources végétales les plus riches en dérivés œstrogènes* [89] ».
Selon la théorie des analogies, les pépins de grenade, comme les pignes du pin, étaient la représentation végétale des dents humaines.
Son fruit très sucré et la boisson que l'on en tire sont également appréciés, et, comme l'écrit Platearius : « *Les grenades sont meilleures à manger qu'à utiliser en médecine…* [90] »
Mais le grenadier, très cultivé dans le Sud, craint les gelées, comme l'oranger. Même s'il n'est pas mentionné dans le récit de voyage de Stazio Gadio à Blois, il devait y être connu, mais, comme l'oranger, cultivé en caisses bien à l'abri des murs du jardin.

Un **Palmier éventail** peut-être rapporté d'un voyage royal ? Jussieu le pensait palmier dattier à cause de l'étirement de ses feuilles sur le dessin. (138)

Un palmier éventail, enfin, dont les palmes évoquent la fête des Rameaux, devait aussi être cultivé dans ces caisses abritées pour pallier le risque des gelées. Nous savons qu'à Blois, en hiver, les caisses contenant ces plantes fragiles étaient rentrées dans l'Orangerie de la Reine, bâtiment qui subsiste toujours, mais transformé en restaurant…

Sous les arbres du verger (excepté bien sûr le noyer !) ou dans les plates-bandes, mûrissent d'autres fruits :

Les fraises des bois, qui devaient foisonner un peu partout dans ce jardin clos.
La fraise des bois était une plante symbolique très souvent représentée. Ses feuilles trilobées évoquaient

Les **Fraises des bois,** abondamment présentes dans les marges des manuscrits contemporains ou non des *Grandes Heures*, comme dans les jardins… la modestie de sa représentation ici est surprenante. (54)

Cassis avec ses fruits, à une place d'honneur : face au tableau de sainte Anne (198)

Cassis en fleur. (152v°)

la Trinité et son fruit le « *symbole des bonnes actions qui se multiplient autour de la Vierge Marie* [91] ».

Connues depuis la préhistoire, leurs qualités thérapeutiques dont Lucius Apuleius parle déjà au IVe siècle, sont confirmées au XVIe par Mattioli qui écrivait : « *Il m'a semblé bon de recevoir en la bourgeoisie de notre jardin cette herbe tant joyeuse et profitable et en parler comme suit : les feuilles et la racine font uriner et servent grandement à la rate ; la décoction de la racine, prise en breuvage, sert aux inflammations du foie et nettoie reins et vessie ; le jus de fraise guérit les taches du visage…* » Cette déclaration résume tous les bienfaits que le XVIe siècle reconnaissait à la fraise, sans parler bien sûr de ses qualités gustatives que nous apprécions toujours.

Il faut toutefois ajouter que les grosses fraises cultivées que nous connaissons – en plus de six cents variétés – ne sont arrivées en France qu'au XVIIIe siècle. Beaucoup ont pour origine des fraises du Chili, rapportées en 1715 par Amédée-François Frézier, qui, malgré son nom prédestiné, n'est pas à l'origine du mot.

Le cassis, nommé « *poyorier* » dans le manuscrit, semble bien être « *le plus ancien document qui nous soit parvenu sur la culture du groseillier noir non seulement en France mais en Europe. En effet, cet arbuste inconnu aux anciens, n'est mentionné, ni dans les herbollaires du Moyen Âge ni dans les traités des premiers botanistes de la Renaissance… c'est seulement dans la deuxième moitié du XVIe siècle que J. Bauhin le signale* [92] ». Cette remarque est importante, car elle ne fait que souligner, si besoin en était, que Bourdichon s'inspirait de la nature et non des traités existants. En effet, s'il « *n'y a pas d'attestation de culture, les textes médiévaux nous apprennent que les feuilles et les fruits étaient récoltés pour leurs propriétés diurétiques, diaphorétiques et vermifuges* [93] ».

Groseilliers à maquereaux, ainsi nommés parce que leurs fruits encore verts entraient dans une sauce qui accompagnait ces poissons. (164)

Framboisiers. (20)

A droite :

Epine-vinette (Berbéris), arbuste aux feuilles piquantes et aux épines aigues. (4v°)

Aux buissons de cassis, s'ajoutent les framboisiers et les groseilliers à maquereaux. Tous deux connus depuis longtemps à l'état sauvage, leur culture commence seulement, semble-t-il, au Moyen Age. Leurs qualités gustatives et culinaires, confitures, sirops, liqueurs, sont toujours connues et appréciées.

Enfin, l'épine-vinette (ou berberis), dont les petits fruits oblongs étaient appréciés, verts, en câpres au vinaigre, ou en confiture et sirop une fois mûrs. Apéritive, stimulante, l'écorce de sa racine continue de soigner le foie.
D'une façon générale, pour tous ces petits fruits, les applications thérapeutiques sont à peu près les mêmes, entre autres astringentes, dépuratives, diurétiques, et encore connues de nos jours. Il s'y ajoutait pour les framboises, l'utilisation en vinaigre comme protection contre la peste…

Variété de **sorbier** qui était cultivé pour ses petits fruits en poires, au goût rappelant un peu celui des nèfles. (178)

A gauche : **Mûriers (noirs),** bien que les mûriers blancs, venant de Chine, soient déjà connus en France à cette époque. (137v°)

DES PLANTES GRIMPANTES, DES HAIES, DES ARBUSTES...

NOUS QUITTONS le verger en longeant « *deux pavillons clos comme des chambres, couverts de mûriers, comme le sont aussi la plupart des tonnelles* », selon la description de Stazio Gadio.

Nous savons donc qu'il y avait des mûriers à Blois. Ces mûriers, noirs, ont l'avantage de pousser rapidement, comme des lianes, avec des feuilles découpées très décoratives. Mais l'inconvénient de ces arbustes est la couleur pourpre foncé de leur jus à maturité qui tache beaucoup. Et lorsque les fruits bien mûrs se détachaient des tonnelles... C'est peut-être d'ailleurs cet inconvénient qui a fait, peu à peu, raréfier la culture d'un fruit apprécié depuis l'Antiquité, et figurant dans le capitulaire de Charlemagne.
Le mûrier noir, outre ses qualités décoratives et gustatives, était utilisé comme hypoglycémiant [94].
Bien que Stazio Gadio ne la mentionne pas, la vigne que nous avons déjà rencontrée dans le *Tableau des vendanges*, et en une branche de raisins noirs, couvrait aussi des tonnelles, comme nous le voyons souvent dans les miniatures et tapisseries contemporaines.

Page de droite : **Rose de Provins,** *« Rosa gallica »*, ici mêlée à des lis, fait face à un tableau de l'Annonciation, soulignant ainsi le symbolisme lié au culte de la Vierge, qui s'y rattache. (27)

Dans nos jardins des *Grandes Heures*, outre les mûriers et la vigne, des arbustes aux tiges souples et grimpantes ornent les tonnelles, d'autres épais et bien taillés forment des haies, ou ornent les chemins de leurs buissons.

Tout d'abord protectrices par leurs épines parfois acérées, mais surtout illuminant de leurs fleurs haies et tonnelles, embaumant l'air de leurs parfums, nous admirons diverses rosacées.

La rose de Provins *(Rosa gallica)* figure avec des lis, en fleurs coupées, très proches de celles que l'on trouve dans les manuscrits flamands, en une représentation traditionnelle rare dans *les Grandes Heures*.

Rosiers blanc et rouge se mêlent ici en odorantes branches fleuries.

Des volumes ont été consacrés aux roses et il serait impossible de retracer ici leur histoire et leur symbolisme. Selon la légende, la rose rouge serait née du sang versé à sa mort par Adonis, amant d'Aphrodite, ou, plus gaiement par Cupidon renversant le vin d'une amphore. Les roses devinrent alors symboles de l'Amour, sous toutes ses formes, mystique ou charnel, mais aussi de la renaissance.

Cette dernière signification se retrouvait dans les représentations d'Hécate, déesse des enfers, couronnée de roses. Amour, mort et renaissance, la rose, rapportée en Europe au moment des croisades, fut ensuite aussi symbole de pureté et de virginité, assimilée à la Vierge Marie. Au Moyen Age, seules les vierges pouvaient porter des couronnes de roses et ces fleurs accompagnaient souvent les représentations de la Madone, la rose devenant ainsi la reine des fleurs. Le *Roman de la Rose*, empli de symbolisme érotique, fait l'objet à la fin du Moyen Age d'une réinterprétation mystique et le célèbre jardin clos dans lequel elle poussait, le symbole de la pureté intouchable.

Parmi les innombrables exemples du rôle de la rose à la fin du Moyen Age, figure aussi son symbolisme en alchimie où les roses blanches et rouges renvoyaient aux principes originels, et le nombre de leurs pétales aux métaux et planètes. Le rôle de la Vierge était important pour les alchimistes et la reine s'intéressait à cette science. Un médaillon, subsistant sur les murs de l'Orangerie de Blois, porte ces roses alchimiques.

Anne de Bretagne aimait aussi les roses pour leur beauté et pour leur parfum qu'elle utilisait avec celui des violettes. A Amboise et à Blois, lorsque la reine prenait son bain « *dans de grandes cuves… deux petits tonneaux s'ouvraient par le haut et fermés à clé, emplis d'eau parfumée à la violette musquée et à la rose, servaient*

Roses blanches et rouges, mêlées face au Tableau de la Visitation, toujours liées au culte de la Vierge. (37)

Lis et roses de Provins (27)

A gauche : **Eglantier en fleur,** « Rosa canina ». (113)

Ci-dessous : **Eglantier avec ses fruits,** les « *cynorrhodons* », qui étaient consommés en confiture – un peu oubliée, mais qui réapparaît peu à peu. (123)

à emplir le bain… Les murs de ce cabinet de bains étaient recouverts de sacs de peaux de mouton et de vache, emplis de poudre de différentes essences de roses anciennes [95] ».

Selon la coutume de l'époque, la reine Anne portait les parfums en harmonie avec son signe astral, le Verseau : la rose et la violette.

Le rôle de la rose en médecine est très important, en particulier celui de la rose rouge de Provins, peut-être rapportée de Syrie par Thibault IV, comte de Champagne.

Figurant dans tous les traités, de Dioscoride à nos jours, ses multiples applications vont de la dermatologie au traitement de la phtisie.

La rose enfin avait de nombreuses utilisations en cuisine : comme condiment, pour orner les plats, comme friandises ou « *espices de chambre* ». Ces « *espices de chambre* » étaient surtout des confiseries offertes aux convives dans la « chambre d'apparat » lorsqu'ils avaient quitté la pièce du repas. Parmi ces confiseries, les roses figuraient en pétales confits, en « sucre rosat », obtenu par la cuisson des pétales broyés dans de l'eau de roses et du sucre, et en « miel rosat ». Ces deux dernières préparations étant en outre considérées comme efficaces contre les pâmoisons et les fatigues de la convalescence.

Rosacées plus humbles, dans le sillage de la rose, arbustes épineux et compacts, à la fois parfumés, décoratifs et défensifs, très utilisés pour décorer haies et tonnelles dans les jardins médiévaux, nous trouvons l'églantine et l'aubépine.

L'églantine représentait plutôt les aspirations de l'âme humaine, rose sauvage n'ayant pas atteint son accomplissement.

A droite :

Aubépine en fleurs, dont le parfum était censé plaire aux anges et aux fées et dont on tressait des couronnes au printemps. (39v°)

Ci-dessous :

Aubépine avec ses fruits, les « cenelles ». (102v°)

Son rôle médicinal était connu depuis l'Antiquité où sa racine était censée guérir de la rage (d'où son nom de *Rosa canina*). Mais ses fleurs et feuilles cicatrisantes, ses fruits toniques, et même le *bédégar*, sorte de galle chevelue provoquée sur les feuilles par la piqûre d'un insecte (le *Cynips rosae*) et utilisée comme astringent depuis l'Antiquité, possèdent des propriétés thérapeutiques.

L'aubépine, autre rosacée, dotée d'un symbolisme le plus souvent bénéfique au Moyen Age, comme il l'était en Grèce ou à Rome où il était lié aux cérémonies du mariage et gage de bonheur. Et si la légende voulait que la couronne d'épines du Christ ait été en bois d'aubépine, elle prétendait aussi que ce bois ainsi sanctifié éloignait le diable et la foudre son œuvre : donc protégeait des orages.

Les propriétés thérapeutiques des feuilles, fleurs et cenelles ont été exploitées depuis l'Antiquité contre la goutte, la pleurésie ; mais ce n'est semble-t-il qu'à partir du XVIe siècle que leur pouvoir calmant nerveux et tonicardiaque fut découvert et exploité.

La plus rustique de ces rosacées épineuses, la ronce, est présente aussi.

Ses fruits, connus et consommés depuis la préhistoire, et ses feuilles étaient aussi précieux comme anti-inflammatoires, dépuratifs, et contre les maux de gorge.

Ronce, avec son fruit, la mûre sauvage. (206)

Tous ces arbustes unissant le charme de leurs fleurs et de leurs fruits à la cruauté de leurs épines, font penser aux haies épaisses et défensives entourant l'*hortus conclusus*, jardin bien clos où le mal ne peut pas passer, que ce soit celui des démons, du pêché ou des rôdeurs... On imagine alors notre jardin, comme ceux rencontrés dans les manuscrits contemporains des *Grandes Heures*, entouré de clôtures, murs ou palissades, renforcés par ces épineux entrelacés. La reine Anne rendait un culte tout particulier à la Vierge Marie et ce jardin clos peut faire penser au symbolisme qui y était rattaché : jardin du paradis (dont le nom vient du perse *pairi-dreza* : enfermé dans une enceinte), domaine de la pureté où le mal ne peut pénétrer et consacré à la Vierge immaculée.
Tout pouvait être symbole : épines des ronces empêchant d'entrer, mais aussi épreuves expiatoires permettant d'accéder au jardin de l'amour charnel du *Roman de la Rose*, ou sublimé en jardin mystique.
Par la seule force de l'imagination, nous avons franchi ces clôtures sans dommages, admiré arbres et fruits du verger, passé sous des tonnelles semblables à celles décrites dans les jardins de Blois, « *construites avec art* », couvertes de plantes grimpantes et longeant les jardins.
Parmi celles-ci nous avons déjà rencontré des mûriers, des vignes, diverses rosacées, et nous rencontrerons plus loin, au bord de l'eau ou des chemins menant aux plates-bandes beaucoup d'autres arbustes mais, ici, ce sont d'autres plantes grimpantes qui attirent notre regard...
Dans un endroit ensoleillé et bien abrité du jardin, s'élèvent les branches parfumées du jasmin, plante qui venait d'être introduite en France. Elle est présente sur la tapisserie de la Dame à la Licorne, mais c'est semble-t-il la première fois qu'elle figure dans un manuscrit.

Jasmin, originaire des Indes ou d'Iran. (86)

Houblon, aux fruits prêts à être cueillis pour parfumer et donner son amertume à la bière, connue et fabriquée dès le IXe siècle. (184)

La **Bryone** fait partie des *cucurbitacées*. Elle est toxique par ses baies et sa racine, mais ses pousses étaient préconisées dès le IIe siècle par Galien comme *« viande fort bonne à l'estomac »* et consommée depuis comme des asperges. (200)

Les **Liserons**, décoratifs avec leurs gracieuses fleurs blanches, mais si facilement étouffants pour les autres plantes sur lesquelles ils s'agrippent. (53v°)

Recherchant au contraire la fraîcheur et l'humidité, nous rencontrons les longues tiges souples du houblon. Ses petits fruits en cône, outre leur rôle dans la fabrication de la bière, étaient recouverts d'une poudre jaune, le « *lupulin* », qui servait de sédatif et en sirop soignait « le foie et la rate ».

Les pousses tendres étaient consommées comme des asperges…

Dans les parties plus sauvages des jardins, s'enroulant le long des haies, des arbres, sur tous les supports à leur portée, mais non domestiquées par la culture, poussent de nombreuses autres plantes grimpantes. C'est surtout la racine de cette liane envahissante qu'est la bryone, qui avait des rôles éclectiques et importants.

Surnommée « navet du diable », cette racine était utilisée pour remplacer dans les préparations des sorciers celle de mandragore, difficile à obtenir et dangereuse à manipuler. Déjà citée de nombreuses fois dans les papyrus médicaux égyptiens (quarante-quatre fois dans le papyrus Ebers par exemple), le rôle médicinal de la bryone était multiple.

Son aspect de « *pied déformé par l'œdème* », selon H. Leclerc, la désignait tout naturellement, par analogie, à soigner la goutte. Pour guérir le patient, on lui recommandait tout simplement d'accrocher un morceau de cette racine à son cou.

Egalement « *pour se garantir de l'ivresse, boire du jus de bryone avec autant de vinaigre : ainsi de toute la semaine on ne sera point ivre* » (Platearius qui l'affirme ne précise pas si c'est par incapacité de consommer du vin après un tel remède !)…

La liste est longue de tous les pouvoirs présumés de la bryone, entre autres celui « *de faire tomber "poireaux" et verrues… si on n'a pas de fiente d'aigle à disposition* » ; de soigner chancres, écrouelles, ulcères, de vaincre les maux de tête… En revanche, ses vertus diurétiques, laxatives et de « *nettoyer la matrice* », sont encore reconnues et utilisées.

Les liserons étaient recherchés pour les propriétés laxatives des racines et des feuilles, propriétés qui leur sont toujours reconnues.

Chèvrefeuille sauvage, aux baies toxiques, mais dont les qualités antiseptiques et diurétiques des feuilles et des fleurs étaient connues depuis l'Antiquité. (78)

À gauche : **Aristoloche**, dont le nom grec *« aristos »* (excellent) et *« lokia »* (accouchement), montre bien son utilisation dès l'Antiquité pour favoriser les accouchements… et si la future mère préférait accoucher d'un garçon, elle devait, comme le rapporte Pline, consommer cette plante avec de la viande de bœuf. (136v°)

Comme pour la bryone, les petites pousses vertes du chèvrefeuille étaient consommées en légumes… juste avant qu'elles ne deviennent toxiques en se développant !

L'aristoloche, favorable aux naissances, était aussi puissante contre les maléfices et protégeait les enfants malades. La fumée de cette plante brûlée sous leur lit « *les ramènera à la santé car elle chasse toute diablerie et supprime tout tourment et tout mal* [97] ». L'aristoloche entrait aussi dans les rituels de désenvoûtement.

Bienfaisante, elle chassait les serpents et venins.

Des Vesces, éclairaient aussi les haies de leurs petites fleurs mauves.

Toutes ces lianes sauvages envahissantes, mêlant leurs longs rameaux aux plantes grimpantes cultivées, risquant parfois de les étouffer, sont ici toutes conservées, utilisées, représentées comme leurs sœurs civilisées.

Les clématites des haies, aux feuilles « *chaudes comme le feu* », révulsives et si irritantes pour la peau que les mendiants de la cour des Miracles s'en serviront pour entretenir leurs ulcères… Cette causticité même, atténuée par de l'huile ou de la graisse, était utilisée pour cicatriser des plaies.

L'odorant chèvrefeuille sauvage, aux nombreuses vertus thérapeutiques, était notamment réputé guérir de la fièvre quarte, selon un cérémonial contraignant : « *Quarante-cinq petites crêpes faites avec du chèvrefeuille cueilli au déclin de la lune, broyé et mêlé à de la farine et de l'huile : le premier jour en consommer neuf, le second huit* [etc. jusqu'à la dernière]… *le malade sera guéri, c'est chose prouvée* [96]. »

Ici encore l'empirisme avait raison, car des recherches récentes ont démontré la richesse du chèvrefeuille en acide salicylique, ainsi que l'efficacité de ses substances antibiotiques sur certains microbes.

Clématites des haies, aux fleurs en petites étoiles crème parfumées, mais toxiques. (196)

Vesce des Haies. (186)

Vesce, plante grimpante de la famille des *Papilionacées*. (46)

LES FLEURS

Le **Lis** est lié à Isis dans la symbolique égyptienne, ou issu du lait d'Héra pour les Grecs. Il est repris, avec la rose, comme fleur de la royauté divine : celle de la Vierge. Pureté, virginité, innocence, sont les messages de cette fleur. (27)

Le **Lis martagon**, cultivé, est la seule autre représentation du lis dans les *Grandes Heures*. On le rencontre maintenant le plus souvent à l'état sauvage. (76)

Quittant l'abri des tonnelles, nous sommes attirés par le parfum des lis blancs, mêlé à celui des roses rouges. Lis et roses sont associés depuis des siècles, et Pline disait déjà du lis : *« cette fleur vient bien étant mêlée à la rose »*.

Le lis est, dans sa forme stylisée, l'attribut de la royauté temporelle. Pourtant cette attribution semble bien usurpée, car l'iris jaune et non le lis en est probablement à l'origine [98].

Plus prosaïquement, outre sa beauté et son parfum, les vertus calmantes, protectrices, cicatrisantes de ses pétales macérés dans du vinaigre, de l'alcool ou de l'huile, sont précieuses et toujours reconnues depuis l'Antiquité. Une des recettes préconisées par Platearius [*] pour *« ôter les rougeurs »*, laisse toutefois dubitatif : *« broyer les nœuds des racines* (de lis domestique), *mêler à de la litharge* (écume de l'or), *de la poudre de camphre, et au dernier moment, ajouter du vif-argent froid… »*

Le lis martagon était cultivé aussi bien pour sa beauté, que pour ses qualités thérapeutiques proches de celles du lis blanc.

Œillet de poète, ici *« Violete à trochetz »*, les « trochets » étant les capitules de la fleur. (43v°)

Œillet blanc simple, ici curieusement appelé *« Viollecte blanche »*. (63v°)

Œillet giroflée simple, ainsi nommé pour son parfum rappelant celui de la girofle. (55)

Les **Œillets à fleurs doubles**, importés d'Espagne à la fin du XVe siècle, étaient devenus pour les contemporains d'Anne de Bretagne, des fleurs « à la mode » qui commençaient seulement à être cultivées dans les jardins français. (66v°)

Œillet giroflée à fleurs doubles. (17)

Mêlant leur parfum à celui des roses et des lis, les œillets sont nombreux. Ils figurent fréquemment, stylisés ou non, dans les marges des manuscrits, et parfois, comme la rose et le lis, associés à la Vierge. Mais ici l'auteur attentif à leur beauté, les a représentés de façon très réaliste, sous divers aspects : œillets blancs simples, et doubles, œillets giroflée simples et doubles, œillets de poète.

L'œillet ne semble pas avoir été cultivé en France avant la fin du XIIIe siècle. Ce seraient les compagnons de Saint Louis, frappés par la peste devant Tunis (en 1270) et guéris de la fièvre par un sirop aromatisé à l'œillet, qui auraient rapporté cette fleur en France. Ce sirop, un peu tombé en désuétude, a longtemps été utilisé contre la fièvre et la toux.
Mais, de tout temps, c'est son rôle décoratif et son parfum qui ont fait rechercher l'œillet.

Iris violet (ou « *Iris florentin* », car les Florentins choisirent l'iris bleu comme emblème de leur ville). L'iris doit son nom à la déesse grecque Iris, signifiant « *arc-en-ciel* », illustrant la variété des nuances de ces fleurs. Il est une des plus anciennes fleurs cultivées. (25v°)

L'iris violet figure déjà sur les fresques du temple de Karnak en Egypte, il y a 3 500 ans. Pour les Grecs, qui lui ont donné son nom, Iris était une fleur de deuil. Elle était plantée sur les tombeaux des femmes, car Iris était censée guider leurs âmes vers le séjour des morts (pour les hommes c'est Hermès qui en était chargé…).
En France, au Moyen Age, l'iris était plutôt symbole de vie et de renaissance, et même à l'époque des *Grandes Heures*, celui du péché originel – de l'œuvre de chair [100].
L'iris qui, selon la légende, est à l'origine de l'emblème royal français, le « lys », est une autre variété d'iris, l'iris des marais, que nous retrouverons – comme son nom l'indique – au bord de l'eau.
L'iris cultivé pour sa beauté, ornement des jardins, était également très utile. C'est son rhizome qui était employé : depuis l'Antiquité, frais comme purgatif – drastique –, ou selon Théophraste [101] efficace pour calmer les coléreux ; et desséché, en parfumerie aussi bien pour son délicat parfum ressemblant un peu à celui de la violette, que pour fixer les autres parfums. Le rhizome sec d'iris a aussi servi plus tard à fabriquer la « poudre de riz » (qui ne contient pas de riz…).

A ces roses, lis, œillets, iris, se joignent les ancolies : commune, à fleurs blanches, à fleurs doubles.
A leur beauté et leur symbolisme, s'ajoute un rôle médicinal. Hildegarde de Bingen, au XIIe siècle, les préconisait déjà contre de nombreux maux : « *Qui a la fièvre broiera l'ancolie, en pressera le jus à travers un linge et y ajoutera du vin. Il en boira souvent et il ira mieux* » ou « *celui qui voit pousser des écrouelles mangera souvent de l'ancolie crue, et les écrouelles régresseront* », ou encore, mêlée à du miel « *cela diminuera les mucosités et le nettoiera* ». En plus de ces applications, l'ancolie était réputée donner une vue perçante, croyance certainement en rapport avec son nom latin.
Jusqu'au XIXe siècle, époque où les substances toxiques et donc dangereuses qu'elle contient furent reconnues, les remèdes à base d'ancolie contre des maladies aussi diverses que le cancer, l'eczéma, ou la jaunisse… furent utilisés. Mais « *on ne voit guère parmi les substances qui en furent extraites, celles qui pourraient venir expliquer ces croyances : mieux valait encore à notre avis, confier son sort au Saint-Esprit* [102] ».

Ancolie commune, liée à saint Jean, peut-être en relation avec le nom latin de la plante « *aquilegia* », dérivé de l'aigle « *aquila* », symbole de ce saint.

Ancolie à fleurs doubles, très présentes dans les manuscrits et dans les jardins du Moyen Age, ces fleurs sont chargées d'un pouvoir occulte et de symbolismes, comme souvent éclectiques. (42)

Ancolie à fleurs blanches. « *L'ancolye c'est foy, constance et loyaulté* ». (61v°)

Ancolie à fleurs doubles

Ancolie commune

Ancolie à fleurs blanches

De gauche à droite :

Delphinium cultivé. La variété sauvage était autrefois utilisée comme vermifuge et antiparasitaire et même cicatrisante pour les plaies… (35)

Lupin cultivé, vivace aux longues grappes de fleurs crème, roses ou bleues. (149v°)

Pivoine *« Herbe saint Jehan »*, connue depuis l'Antiquité dans sa variété simple, figure ainsi dans les jardins jusqu'au XVIIe siècle où des variétés doubles aux coloris divers apparaissent, venant de Chine. (118v°)

D'autres grandes fleurs cultivées ornent notre jardin : le delphinium ou « pied d'alouette » ; autrefois médicinale, la découverte d'alcaloïdes dans cette plante en a fait abandonner l'usage.

La marguerite, pure et blanche comme une perle « *margarita* », d'où lui vient son nom.

Le lupin cultivé, ornemental, mais aussi très utilitaire : son eau de trempage servait d'insecticide, et réduit en poudre dans des préparations pharmaceutiques pour le moins variées, vermifuge, diurétique, dépilatoire, antitumorale… [103] maintenant oubliées.

Fourrage pour les animaux, mais utile aussi par ses graines qui, une fois trempées ou grillées, car toxiques à l'état naturel, étaient consommées, comme elles le furent en guise de café pendant la dernière guerre.

La pivoine dont le nom latin « *Paeonia* » lui aurait été donné, d'après Pline, par Paeon, le médecin des dieux [104].

« Rose sans épines », la pivoine était souvent considérée comme un symbole de la Vierge. Plante magique, remède puissant contre la folie selon Apulée, sa racine suspendue au cou du patient était par ailleurs réputée guérir de l'épilepsie ; ce n'est qu'au XIXe siècle que cet usage fut abandonné, ne laissant à la pivoine qu'un rôle d'antispasmodique.

La **Marguerite** que l'on s'amusait peut-être déjà à effeuiller (20).

Pavot blanc et Roses trémières. Le pavot est utilisé et connu depuis l'Egypte antique. La rose trémière, venant du Proche-Orient, introduite par les Arabes en Espagne vers le [illegible]e siècle et dont la culture se répand peu à peu en Europe, semble une nouvelle venue en France en ce début du [illegible]e siècle. ([illegible])

Jacinthe des bois, aux petites clochettes nommées ici *« cimbalaria »*. (22v°)

Muscari, dit aussi « ai[illegible] à *toupet* », sorte d'ail [illegible]vage dont les bulbes étaient consommés. ([illegible])

Muscari aux précoces petites clochettes mauves. (125)

Nous rencontrons ensemble le pavot blanc et les roses trémières.

Le pavot était pour les Grecs l'attribut d'Hypnos, le sommeil, représenté couronné de pavots, mais aussi celui de Thanatos, la mort, et de Nyx, la nuit. Cérès, qui avait calmé son chagrin après l'enlèvement de sa fille en mangeant du pavot, figure parfois elle aussi couronnée de pavots, mêlés à des épis…

Le rôle du pavot dans la pharmacopée a toujours été très important et nous le rencontrerons plus en détail en nous promenant dans les plates-bandes du « Jardin de simples ».

La rose trémière, dont le nom de « *rose d'oustre-mer* », indique l'exotisme dont elle était encore parée, ne sera « *trémière* » ou « *Rose de trémier* » pour Jussieu, qu'à partir du XVIIIe siècle. La rose trémière fait pourtant partie de la grande famille des *malvacées*, comme la mauve et la guimauve qui étaient depuis des siècles cultivées dans les jardins de simples et même les potagers. Surtout appréciée pour sa beauté, nommée aussi « *passe-rose* » : *plus belle que la rose* (surnom flatteur peut-être dû au charme de sa nouveauté), la rose trémière est aussi médicinale.

Ses dons calmants et émollients sont à peu près les mêmes que ceux de ses humbles cousines mauve et guimauve que nous rencontrerons plus loin.

Sous les arbres, les tonnelles, les arbustes ou les grandes fleurs, poussent à leurs pieds ou dans l'herbe, en toutes saisons, une foule de petites fleurs. Parmi elles, nous en reconnaissons beaucoup, familières, toujours cultivées dans nos jardins.

Avant même la fin de l'hiver, les perce-neige, les muscaris, la jacinthe, annoncent à leur manière « *la fin des peines de l'hiver et le retour du bonheur* », mais malgré leur grâce et leur message d'espoir, ne semblent pas avoir inspiré les conteurs ou les médecins d'autrefois.

Des renoncules cultivées côtoient de plus humbles petites renoncules des prés.

Ci-dessus de gauche à droite :

Renoncule des prés, nommée dans les Grandes Heures « *Picot* » : pied de coq. (43)

Renoncules cultivées, à fleurs doubles. (34v°)

Renoncule « pied de poule »… (118)

Perce-neige, une des rares fleurs hivernales. Ses bulbes sont toxiques. (22)

Primevère aux couleurs vives si bienvenues après l'hiver. (213v°)

Narcisses jaunes (jonquilles), recommandées par Dioscoride pour soigner les brûlures. (17v°)

Anémone pulsatille, *« Fleur de Pâques »*. Anémone sauvage encore car elle ne sera cultivée que vers la fin du XVIe siècle. (130)

Giroflée des jardins, *« Violete guiroflee »*, plus appréciée en ce début du XVIe siècle pour son parfum épicé et ses qualités décoratives que pour ses vertus médicinales... (77v°)

Il n'en est pas de même pour la primevère, fleur annonciatrice du printemps par excellence, mais que nous retrouverons parmi les « Simples » pour ses multiples vertus.
Puis les narcisses jaunes, en tapis ensoleillés, l'anémone pulsatille, ou « fleur de Pâques » qui remédiait aux dartres, les giroflées ravenelles ou des jardins aux vertus emménagogues connues depuis l'Antiquité, ou cardiotoniques, que nous utilisons maintenant.

A droite :
Giroflée jaune (ravenelle), autrefois utilisée macérée dans du vin, comme tonicardiaque. (82)

Giroflée des jardins, à fleurs simples. (97v°)

Primevère officinale, que nous retrouverons parmi les simples. (41)

A gauche : **Violettes blanches.** Avec les violettes mauves, elles sont le classique symbole de la modestie. (115)

Les **Violettes** faisaient partie des fleurs ornant habituellement les marges, les initiales, les bordures des manuscrits. (60)

Pervenche, au beau feuillage vernissé persistant, appelée parfois « violette des sorciers » car elle entrait dans la composition des philtres d'amour au Moyen Age. (30v°)

Myosotis, symbole d'amour fidèle. Une légende persane raconte qu'un ange amoureux d'une mortelle fut chassé du paradis et dut, pour pénitence, semer le myosotis aux quatre coins du monde. Sa tâche accomplie, il revint avec sa compagne devenue immortelle et ils retrouvèrent ensemble la paix du paradis... (29v°)

Le myosotis, déjà nommé « *souvenez-vous de moy* », symbole d'amour fidèle, est le héros de nombreuses légendes. Dans toutes les langues, le myosotis s'appelle encore « aimez-moi, ne m'oubliez pas [105] ».

La pervenche, longtemps utilisée dans les maladies pulmonaires ou les hémorragies, reste encore dans la thérapeutique moderne comme tonique. La pervenche utilisée dans la lutte contre la leucémie et certains cancers n'est qu'une lointaine cousine.

Mais surtout les « vraies » violettes, mauves ou blanches, qui ont bien des qualités. Anne de Bretagne aimait et utilisait leur parfum, avec celui des roses. Ce goût fut partagé au fil des siècles par d'innombrables utilisateurs, et si son arôme pur est un peu abandonné, il est toujours utilisé en mélange.

Ce parfum subtil était également apprécié en gastronomie où les violettes pouvaient garnir les salades, colorer et parfumer les desserts et les boissons. Cette coutume a survécu, notamment dans les violettes confites qui ornent nos gâteaux.

Pensées violettes. (157v°)

Amarante crête de coq, dont le nom provient du grec et signifie *« qui ne fléchit jamais »*. Symbole de deuil, mais aussi d'espoir et de persévérance, l'amarante ornait les tombeaux. (33v°)

Pensées tricolores. (62)

La plus ancienne application thérapeutique des violettes était la lutte contre l'ivresse : les Anciens en tressaient des couronnes qu'ils portaient durant les orgies pour en atténuer les conséquences.

Au XIIe siècle, Hildegarde de Bingen les préconise en élixir contre la dépression ; mêlées à l'huile d'olive pour *« chasser l'assombrissement des yeux »* ; en jus, contre les irritations des yeux, et en pommade contre le cancer ! D'une façon générale, elles avaient *« vertu d'humidifier, adoucir et lâcher »*, mais, dès le XVIe siècle et jusqu'à nos jours, ce sont ses vertus pectorales qui dominent.

Proches d'elles, et décorant elles aussi souvent les marges des manuscrits, les pensées, grandes et petites, sont utilisées depuis l'Antiquité surtout contre les affections cutanées.

L'amarante crête de coq fleurit tard dans la saison. Un vénérable botaniste du XIXe siècle [106] déclare que les *Amarantacées « ne possèdent pas de propriétés bien remarquables et n'offrent aucun avantage saillant à l'homme par leur application à l'économie domestique et aux arts… »*.

Si cette fleur est un peu oubliée, il n'en a pas toujours été de même. Chantée par Homère, puis Virgile qui conseillait au poète de s'en couronner pour éloigner la médisance, l'amarante a longtemps été vénérée. Nous la retrouvons longtemps, aussi bien dans un poème de Malherbe adressé à Henri IV, que dans l'« Ordre de l'Amarante » institué au XVIIe siècle par la reine Christine de Suède…

En dehors de cette glorieuse réputation, et de ses belles couleurs qui ont donné son nom à une nuance de rouge pourpre, l'amarante était vaguement comestible, pousses et graines.

Beaucoup d'autres petites fleurs, maintenant négligées, mal connues, ou arrachées comme « mauvaises herbes », se mêlaient à celles que nous venons de découvrir. Nous les retrouverons pourtant, cultivées dans le potager et le jardin des « simples », ou même comme maintenant dans l'herbe des chemins, mais toutes utilisées.

Massette, nommée ici *« papirus »*. Proche du jonc, elle fait habituellement partie des plantes de tourbières ou de marécages. (129)

LES PLANTES « AQUATIQUES »

Avant de nous promener au milieu des plates-bandes aperçues, notre regard est attiré par une fontaine, un bassin, au centre des jardins.

Image idéale de l'eau donnant naissance aux quatre fleuves du paradis, cet élément est toujours présent dans ces jardins. Les miniatures contemporaines, les descriptions des jardins de Blois au XVIe siècle, en montrent l'importance. Celle du cardinal d'Aragon voyageant en France en 1517 indique : «… *au milieu de la galerie s'élève un pavillon sous lequel on voit une belle fontaine fournissant d'eau les fontaines des autres jardins qui sont placés en contrebas et se trouvent à six cannes environ au-dessous de celui-ci* [107]. » Et, à la même époque, Stazio Gadio [108] décrivant ce même jardin, visité sous la conduite de François Ier, ajoute : «… *Il lui a montré en détail la fontaine et lui a dit que l'eau était tirée d'un puits au moyen de chevaux… et qu'elle était amenée à la fontaine par des conduits… et au milieu de ce jardin se trouve une autre fontaine de marbre, mais moins grande que l'autre, et qui fait jaillir une eau abondante.* »

Cette « eau abondante » irriguait et arrosait les jardins, mais son abondance même entraînait dans certains endroits une stagnation propice aux plantes aquatiques, ou aimant l'humidité. Dans les marges des *Grandes Heures*, nous en retrouvons en effet un grand nombre, qui devaient pousser près des fontaines et des petits ruisseaux, ou simplement dans les endroits humides, ombragés des jardins.

Ici pousse l'élégante massette. Déjà citée par Dioscoride, sa racine était réputée efficace contre les fièvres aiguës, et, broyée en une sorte d'emplâtre servait à se débarrasser des épines.

La massette était aussi précieuse par la souplesse de ses tiges utilisées comme l'osier.

Chanvre d'eau, ici nommé « *flacea* ». J. Camus suggère que ce mot « *pourrait bien être "filacea" mot qui aurait été formé sur le français "filacea"* (filasse). Ficelles et filasse semblent bien, en effet, avoir été l'usage principal de cette plante. (208)

Salicaire commune, autre plante des bords de l'eau. (52v°)

Populage (souci des marais), autrefois consommé, mais maintenant reconnu toxique. (139)

La Grande lysimaque, dite « *chasse-bosses* » et dont le nom signifie « arrêt des combats » (l'un entraînant l'autre ?). (63)

La **Laiche des rives,** nommée comme la massette « *papirus* », mais cette fois pour son nom latin. (109)

Près d'elle, la grande lysimaque, aime aussi ces terrains humides. Elle est si décorative avec ses longues tiges ornées de fleurs jaunes, qu'elle est parfois cultivée comme ornementale.

A l'époque des *Grandes Heures*, son rôle semble s'être borné à fournir de la teinture jaune. Si elle est citée comme médicinale dans les textes anciens, Pline entre autres, mais sans avoir été utilisée comme telle, c'est parce qu'elle a longtemps été confondue (jusqu'à Mattioli, au milieu du XVIe siècle), avec la salicaire commune. Elle partage pourtant avec cette dernière des vertus astringentes et hémostatiques exploitées depuis ; le surnom de *lysimaque rouge* donné ensuite à la salicaire, montre bien une similitude de leurs pouvoirs.

Les jeunes pousses et la moelle des tiges de la salicaire étaient consommées, ainsi que ses feuilles et ses boutons confits dans le vinaigre. Il en a longtemps été de même (peut-être encore ?) pour le populage ou souci des marais, surtout utilisé maintenant comme révulsif.

Le chanvre d'eau, seule variété de chanvre à croître en Europe à l'état sauvage, et dont la présence dans un sous-bois est signe d'humidité.

La laiche des rives est la seule représentante ici d'une famille très répandue (près de quatre-vingts dans nos régions).

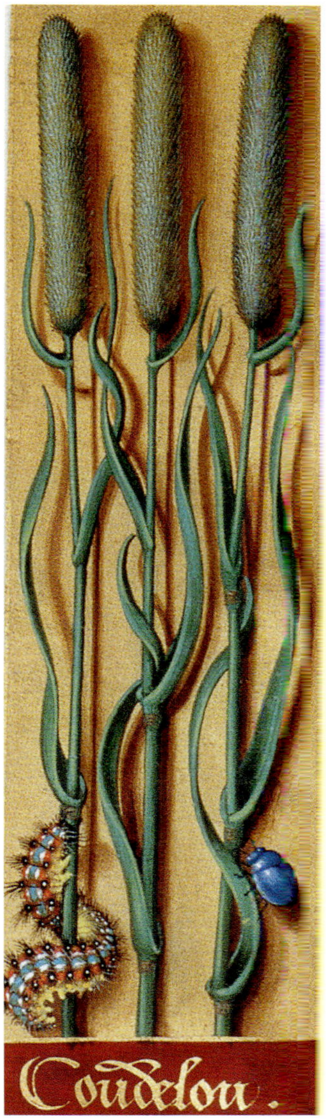

Marsette (vulpin). (148v°)

L'Ajonc (jonc marin), nommé ici « jomarin », mais qui malgré son nom n'a pas besoin de la mer pour croître. (128v°)

Pulicaire dysentérique, ici simplement nommée *« paqueretez d'eau »*. (17)

Alisma (plantain d'eau). (217v°)

La Fléchière (sagittaire), aux feuilles en flèches d'où son nom, plante d'étangs ou de rivières. (225v)°

Mousse d'eau ? Plante qui ressemble à une algue. (108v°)

L'alisma ou plantain d'eau, l'aunée, que l'on retrouvera, cultivée, dans le « Jardin des simples », pour ses vertus médicinales appréciées.

La fléchière ou sagittaire, la « mousse d'eau » ? qui ressemble à une algue, la marsette ou vulpin, graminée des endroits humides.

La pulicaire dysentérique, humble petite fleur jaune, proche de la pâquerette, voisine en bordure avec de somptueux œillets. Cette association ne fait que confirmer une nouvelle fois l'égalité accordée par l'auteur aux plantes qu'il représente.

Un autre nom de la pulicaire, « *Herbe de la dysenterie* », dit bien l'usage médical qui lui était attribué.

L'ajonc, ou jonc marin devait rappeler à la reine les landes bretonnes de son enfance. Il avait peut-être des vertus thérapeutiques maintenant oubliées. Mais il était utilisé en teinturerie pour le pigment jaune qu'il contient [109].

Aunée (228)

Digitale (72 v°)

Consoude (102)

Cresson de fontaine (210)

Cresson alénois. (98)

Cressonnette. (158)

Nous rencontrons aussi dans cette partie fraîche et humide des jardins, certains membres des familles de plantes réunies par Bourdichon dans les *Grandes Heures* : cressons, menthes ou véroniques…

Les cressons : cresson de fontaine, cressonnette et cresson alénois, se plaisent dans cette humidité et nous les trouvons ensemble ici.

Nous les connaissons toujours pour le même usage de salade et légume, ou comme antiscorbutique, mais ils avaient alors des rôles beaucoup plus importants. Les graines du cresson officinal, par exemple, soignaient la paralysie de la langue et ses feuilles celle des membres, les douleurs des jointures ; les cressons « *nettoyaient la poitrine des grosses humeurs* [110] ».

Mais pour les autres familles, des menthes et des véroniques, nous nous contentons de saluer au passage les membres que nous croisons ici : comme la véronique beccabunga ou la menthe aquatique, avant de les retrouver, réunies, dans le « Jardin des simples » ou le potager…

Il en est de même pour quelques-unes des fleurs qui viennent éclairer ces endroits humides et un peu sombres, comme la consoude, aux grandes feuilles duveteuses et aux fleurs roses, ou la digitale pourprée, que nous retrouverons elles aussi au « Jardin des simples ».

D'autres fleurs viennent ensoleiller cette partie du jardin. Comme l'iris jaune, pseudo acore. Cet iris jaune est vraisemblablement à l'origine de l'emblème royal du lis : au moment de passer le Rhin,

Lychnis cuculi. ([illegible]2v°)

L'**Iris jaune, pseudo acore**, associé en bordure à de mystérieuses **« Fleurs Negée »** semblables à des œillets sur tiges de coquelicots. (25)

avant d'engager une bataille, Clovis cherchant un gué aurait vu des iris jaunes qu'il savait pousser en eau peu profonde, permettant donc de passer à cet endroit ; il attaqua et fut vainqueur. Il se convertit alors, vit dans les iris un signe divin et les prit pour emblème. Cette version généralement adoptée est de toute façon une jolie histoire.

Plus tard, en 1180, Louis VII mit l'iris sur sa bannière, officialisant ainsi cette fleur qui devint royale. Mais, stylisée, elle fut peu à peu confondue avec le lis, plus noble et déjà chargé de symbole…

Malgré son passé royal, l'iris est prosaïquement utilitaire : il a pu être utilisé comme encre, bouilli avec de la limaille, comme teinture noire, ou pour le tannage des cuirs.

Son rôle médicinal est plus douteux, car trop violemment émétique.

D'autres fleurs, accompagnent les iris au bord de l'eau, comme le lychnis cuculi et la glaucière jaune, ou pavot cornu… Cette plante diurétique, amie de la rate et du foie, était censée *« donner de bonnes couleurs »*.

A gauche :

Glaucière jaune (pavot cornu), qui apprécie pourtant plus les plages marines que l'eau douce. (157)

Fougère, dont le tubercule était utilisé depuis la plus haute Antiquité contre le ténia et la goutte, et dont les racines cuites dans le vin *« étaient merveilleusement bénéfiques contre toute pourriture et infection dans le corps… »*. (75)

Fougère, *«… un emplâtre fait d'écorce de sa racine et de miel bouillis ensemble faisaient une médecine merveilleuse pour enlever flèche, épine ou toute autre chose fichée dans la chair »*. (223v°)

Bruyère dont on faisait des balais. (220)

Bruyère cendrée. (142v°)

Scolopendre (« langue de cerf »), autrefois apprécié pour lutter contre les engorgements du foie et de la rate, mais comme le précise sévèrement H. Leclerc : *« Malgré les éloges qui lui ont été prodigués, son action est nulle. »* (146)

Pour rejoindre les plates-bandes que nous apercevons plus loin, nous longeons un chemin planté de grandes fougères, si décoratives.

Les fougères étaient particulièrement bénéfiques pour les enfants, puisqu'elles étaient censées guérir les petits malades, simplement en brûlant ses feuilles sous leur lit ; de plus, leurs branches déposées autour des berceaux étaient chargées de protéger les nouveau-nés des maléfices du Diable. En effet, la croyance était que « *lorsque le Diable voit pour la première fois le visage d'un nouveau-né, il conçoit pour lui une grande haine et s'attache à le tourmenter* », comme l'écrit Hildegarde de Bingen.

La force protectrice des fougères était bien établie, puisque les crosses de la fougère mâle réunies en une sorte de main, « la main de saint Jean », devaient éloigner les esprits.

Un siècle plus tard, en 1612, le concile de Ferrare interdit la récolte des fougères pendant la nuit de la saint Jean, car leurs graines étaient censées – selon certaines conditions bien sûr – donner l'invisibilité [111].

Enfin, les crosses tendres de la fougère étaient

Bruyère commune. (124v°)

Joubarbe nommée « *Barba Jovis* » : Barbe de Jupiter, dieu – entre autres – de la foudre et des éclairs. (87)

Sedum acre (Petite joubarbe), modestement surnommée « *tétine de souris* ». (150)

Capillaire rouge (Polytric), au goût agréable qui a longtemps servi à parfumer des boissons, dont – beaucoup plus tard, sous la Régence – mêlé à du thé, du lait et du kirsch, la célèbre « bavaroise » importée au XVIIIe siècle par les princes de Bavière. (236)

consommées, bouillies comme les asperges, mais, comme le rapporte P. Lieutaghi qui avait tenté l'expérience : « *Leur fumet interdit pendant plusieurs heures l'accès de la cuisine à toute personne pourvue de narines normalement constituées* [12]. »

Au pied des fougères, les bruyères – commune, cendrée ou à balais –, ayant en commun, outre leurs jolies petites fleurs mauves, roses ou blanches, la propriété de guérir la gravelle…

Sur un vieux mur longeant le chemin, nous rencontrons une autre variété de fougères, le scolopendre, ou « langue de cerf ».

Sur ce vieux mur, et sur les toits des pavillons

Sedum reprise (Orpin), appelé aussi « *Herbe à la coupure* ». (221)

du jardin, s'étale aussi la joubarbe. D'après la légende, sa présence sur les toits préservait de la foudre. Charlemagne en faisait cultiver dans ce but.

Le sedum acre ou petite joubarbe, avait comme la joubarbe et le sedum reprise, le pouvoir de détruire cals et cors et de favoriser la cicatrisation.

Affectionnant aussi les murs, le polytric ou capillaire rouge, était réputé faire pousser les cheveux et guérir le torticolis à condition de boire son « *herbe entière avec du poireau et du poivre, broyés dans du très bon vin* [113] ».

Viorne mancienne, autrefois réputée soigner les angines. (67)

Genêts, dont, selon la légende, la raideur serait la punition pour avoir refusé d'écarter leurs rameaux au passage de la Sainte Famille lors de la Fuite en Egypte… ! (54v°)

Genêt des teinturiers (105)

Viorne obier, « Boule de neige », fâcheusement nommée ici *« Blanche putain »*, mais néanmoins sédative. (101)

QUELQUES ARBUSTES

Le long de notre chemin, nous rencontrons aussi toute une série de petits arbustes, n'aimant pas spécialement le grand soleil, comme les jolies viornes : la viorne mancienne, ou la viorne obier (« boule de neige »), bel arbuste très décoratif avec ses boules de fleurs blanc rosé, ou ses feuilles découpées, rouges en automne.

Les genêts ordinaires servaient à fabriquer les balais de sorcières et entraient dans la composition de nombreuses mixtures magiques…

Plus utilement, ils servaient d'antivenin. Et un de leurs éléments, maintenant identifié, la *spartéine*, puissant hypotenseur utilisé empiriquement autrefois, permet actuellement de lutter contre les calculs rénaux.

Nous les retrouverons avec le genêt des teinturiers, ou genestrolle, dans les plantes utilitaires.

Genévrier, stimulant par son odeur tonique. (131)

Le **Houx,** dont le côté un peu magique est parvenu jusqu'à nous puisque, avec le gui, il est encore considéré comme porte-bonheur et nous aide à changer d'année sous les meilleurs auspices. (123v°)

Fragon (petit houx), *liliacée* qui partage avec le houx la raideur, les feuilles persistantes et les baies rouges, mais n'est pas de la même famille *(des aquifoliacées)*. (223)

Le houx avait de multiples applications : fébrifuge, diurétique, « *pelé lorsque la sève est haute, en général de mai jusqu'à août* ». Il servait aussi à fabriquer de la glu d'où son nom dans les *Grandes Heures* de « *viscus agrifolium* [114] ».

Le petit houx (ou fragon), était vanté depuis Dioscoride pour ses vertus diurétiques ; ses petites pousses consommées en légumes, comme des asperges, étaient réputées faire des miracles dans ce domaine.

Miraculeuses aussi, panacée universelle au Moyen Age, où elles servaient en médecine et en cuisine, les baies du genévrier, petit arbuste hérissé de piquants.

Le **Gui,** parasite croissant sur les pommiers du verger et parfois sur les chênes, était vénéré par les Gaulois qui l'appelaient « plante qui guérit tous les maux » (121v°).

Myrte, plus méditerranéenne que tourangelle… (15v°)

Le **Buis** que l'on peut tailler à volonté reste toujours vert. Cette dernière qualité en avait fait un des symboles de l'immortalité chez les Gaulois. (221v°)

Nous sortons tout à fait des ombrages et découvrons la myrte.

Chargée de symbolisme, liée au culte des morts en Grèce, mais aussi à la gloire et à l'amour heureux chez les Romains où elle était consacrée à Vénus. A Rome, on en faisait des couronnes pour l'« *ovatio* » et les jeunes épousées. La myrte fut reprise ensuite par les chrétiens.

Les vertus de cette plante sont multiples : tonique, stimulante, très aromatique et utilisée en parfums comme en liqueurs. Elle servait aussi au tannage des cuirs, et son bois pour la menuiserie.

Enfin, trois arbustes toujours familiers dans nos jardins, décoratifs et taillables à volonté : le troène, le fusain, et le buis.

En nous rapprochant maintenant des plates-bandes cultivées, carrées ou rectangulaires comme celles repré-

Le **Fusain** dont la toxicité dans toutes ses parties était connue depuis l'Antiquité, était pourtant utile comme insecticide et en traitement de la gale. C'est aussi son bois carbonisé qui devint le « fusain » des dessinateurs. (107v°)

Troëne, aux petites baies noires toxiques qui servaient à fabriquer de l'encre, et dont les infusions de feuilles calmaient les intestins et les affections de la bouche. (202)

sentées dans les miniatures contemporaines des *Grandes Heures*, nous les voyons soigneusement bordées de brindilles tressées, mais aussi de buis.

Chez les Grecs, le buis était consacré à Hadès, dieu des Enfers, mais aussi à Cybèle, déesse de la Terre et de la Fécondité. Les chrétiens reportèrent sur le buis le pouvoir, anciennement attribué au palmier, de chasser le diable, et symbole de renouveau, de pérennité, en firent la plante consacrée à la fête des Rameaux.

C'est aussi avec du bois de buis (*pyxos*) que les premiers chrétiens fabriquaient les *pyxides*, petites boîtes contenant les hosties. D'une façon générale, le bois de buis a toujours été utilisé pour la tabletterie et la fabrication de petits objets.

En médecine, malgré une toxicité due aux alcaloïdes qu'il contient, le buis était employé autrefois comme substitut de la quinine et calmant du système nerveux. C'est cependant pour le soin de la peau et des cheveux qu'il est le plus connu, et nous le retrouverons plus loin.

Par la similitude de leur symbolisme, ce buis nous fait penser au gui : plantes sacrées, symboles d'immortalité pour les Grecs où le gui était consacré à Perséphone.

Le gui de chêne était le seul vraiment sacré pour les Gaulois parce que rare, et poussant sur un arbre vénéré. Sa récolte par les druides, avec une faucille d'or et un linge blanc, découlait de la croyance selon laquelle certaines plantes magiques ne devaient pas entrer en contact avec le sol. « *Cet interdit… à propos du gui, plante quasi céleste, exprime encore la crainte de voir les forces captées grâce au rituel regagner leur domaine d'origine* [115]. »

LES PLATES-BANDES : POTAGER ET JARDIN DES « SIMPLES »

Après avoir longé ses petits « affluents », nous nous retrouvons auprès de la fontaine centrale, cœur du jardin, entourée par ces carrés ou ces rectangles de plantations soigneusement cultivées et bordées. Nous savons y trouver des légumes, des plantes aromatiques, des « simples », plantes médicinales indispensables, et des fleurs pour égayer les plates-bandes.

Mais où poussent toutes ces herbes maintenant extirpées avec soin par les jardiniers ? Dans les marges des *Grandes Heures* abondent en effet les chardons, les orties, du mouron, toutes sortes de « mauvaises herbes » comme nous les considérons aujourd'hui. En y regardant de plus près, ces mauvaises herbes s'avèrent, pour la plupart, utiles elles aussi. Abandonnant nos modernes idées réductrices, nous les intégrerons dans notre jardin imaginaire, parfois dans le potager, et parfois parmi les simples.

Dans ce grand jardin, le potager est important. Il doit fournir l'essentiel des salades, des légumes, des condiments, très consommés. Mais toutes ces plantes alimentaires sont aussi, pour la plupart, utilisées en médecine ou pour des usages domestiques.

Comme nous le savons, les aliments étaient classés en « froids, chauds, humides ou secs ». Les viandes, souvent « chaudes », et les poissons, généralement froids et humides dans cette classification, devaient donc être rééquilibrés par les herbes, racines ou fruits, les épices. La répartition des végétaux comestibles dans ces catégories, « froids, chauds, humides, secs » était extrêmement subtile et diversifiée : si les fruits pour la plupart étaient « chauds et humides », les noix, noisettes, châtaignes, étaient sèches, les nèfles froides et sèches, et les prunes ou les abricots, froids et humides, par exemple… Les légumes étaient le plus souvent froids, humides ou secs selon les cas, à des degrés divers. En

revanche, les épices sont presque toujours « chauds » [116].

Cette complexité était encore renforcée par les « degrés », au nombre de quatre, laissés plus ou moins à l'appréciation des praticiens, pas toujours d'accord entre eux.

Médecine et cuisine, étroitement imbriquées dans une recherche de l'harmonie des « humeurs », indispensable à la santé physique et mentale, devaient donc s'adapter à chaque tempérament humain, en un savant et difficile équilibre. Malheureusement, les aléas de la culture ou de la position sociale ne s'accordaient que rarement à cet idéal : les végétaux, exception faite des céréales, de quelques fruits et herbes et des épices, figuraient peu sur les tables des nobles, où dominaient les viandes en sauce et les poissons ; tandis que les tables des paysans ou des plus pauvres comportaient beaucoup plus de légumes et de céréales que de viandes. Lorsque les récoltes de céréales ou de légumes du potager étaient mauvaises, le recours aux « herbes » plus ou moins sauvages ne compensait pas le déséquilibre.

Notre classification actuelle en légumes, herbes aromatiques, salades, épices, n'était pas exactement celle du Moyen Age : les « herbes » comprenaient ce qui pousse au-dessus du sol : plantes aromatiques « aériennes » diverses, salades, légumes à feuilles ou à pousses ; les « graines », les légumineuses ; tandis que les « racines » englobaient la partie souterraine consommable : oignons, carottes, navets, raifort…

Il serait plus simple pour nous de les reconnaître par affinités d'utilisation, mais, comme nous l'avons déjà vu, la multiplicité de celles-ci au Moyen Age pour une même plante, complique la sélection et en exclut toute rigueur classificatrice… A très peu d'exceptions près, toutes les plantes que nous imaginons dans un potager, pourraient tout aussi bien se trouver dans le jardin des « simples » – et inversement –, utilisant différentes parties de la même plante. Cette ambiguïté sera présente tout au long de notre promenade au milieu des plates-bandes. Alors, pour ne pas trop les disperser, nous ne garderons arbitrairement pour le jardin des « simples », que les plantes vraiment « non comestibles » !

A droite :

Le Carthame des teinturiers, (safran bâtard), ici *« saffran bastard »*, est une sorte de chardon. (138v°)

LE POTAGER

En pénétrant dans le potager et en admirant les plates-bandes soigneusement cultivées et bordées, nous remarquons d'abord les nombreuses plantes condimentaires présentes dans le jardin des *Grandes Heures*. Il est vrai que les condiments étaient à la base d'innombrables recettes, les aliments étant beaucoup plus épicés et relevés que maintenant.

C'est pourquoi, bien qu'ils fournissent d'aussi innombrables remèdes, nous les citons dans le potager.

A gauche :

Le **Safran** est une variété de crocus. Selon une légende grecque, Crocos, son ancêtre, était amoureux de la liane Smilax ; ne pouvant l'atteindre, il en devint malade et Hermès, pris de pitié, le transforma en beau safran. (104v°)

Le safran, cultivé en France dès le Xe siècle, était très consommé malgré son prix élevé, mais justifié car il faut plus de cent vingt mille fleurs pour obtenir un kilo de stigmates de safran. Très prisé en gastronomie, il figurait dans de multiples recettes. Il était pourtant recommandé d'en user avec modération, sinon « *il s'ensuivra dégoût et nausées et perte d'appétit à ceux qui en usent trop largement… et il ne faut point en donner aux personnes colériques* [117] ».

A gauche :
Le **Romarin** était une plante sacrée pour les Romains qui en faisaient des couronnes lors des mariages et des enterrements. Les chrétiens l'associaient à la Vierge Marie qui, selon la légende, se serait reposée sur un buisson de romarin : « C'est de ce jour que ses fleurs ont la couleur du ciel. » Le romarin était aussi un symbole de fidélité. (149)

En haut à gauche :
L'**Hysope**, plante sacrée, entrait dans la composition de l'Eau de purification dictée à Moïse par le Seigneur... (61)

En haut à droite :
L'**Hysope** servit, selon saint Jean, à fixer l'éponge tendue à Jésus par les soldats romains... (129v°)

Depuis les Egyptiens, qui le mentionnaient dans leurs papyrus médicaux, le safran était aussi une plante médicinale. Dioscoride note ses pouvoirs antispasmodiques. Au Moyen Age et à la Renaissance il est utilisé contre de nombreux maux ; à faible dose il avait une réputation d'aphrodisiaque.
Le carthame des teinturiers, ou safran bâtard, est parfois utilisé comme succédané du vrai safran. Nous le retrouverons avec ses frères, les chardons, et avec les plantes « utilitaires », colorant, comme son nom l'indique.
L'hysope, plante sacrée, citée dans la Bible, avait aussi d'humbles utilisations.
Condimentaire, ses feuilles hachées parfumaient les rôtis et les sauces, et c'est pour cela surtout que nous la cultivons encore.
Mais, bien que son huile essentielle se révèle toxique, ses talents guérisseurs étaient très exploités. Hippocrate la prescrivait dans le traitement des pleurésies et des bronchites, ce qui est toujours son application ; elle était aussi utilisée pour son action dépurative, stimulante, apéritive, et tonique pour la peau. L'hysope figurait aussi parmi les « plantes sorcières », capables comme toujours du meilleur et du pire.
Le romarin, lui aussi plante sacrée et symbolique, parfumait néanmoins les sauces, et figurait souvent dans les recettes.
Mais il entrait aussi dans beaucoup de remèdes : contre les troubles nerveux, les affections grippales,

L'**Origan** est le nom donné à la marjolaine sauvage. (100)

La **Marjolaine** était plantée sur les tombes pour protéger l'esprit des morts et leur donner la paix. (57)

la jaunisse, les pertes de mémoire, les blessures, et même la peste grâce à ses fleurs confites dans le sucre ! « L'Eau de la Reine de Hongrie », recette du XIVe siècle, donnée par « *un Hermite que je n'avais jamais vu* » à la reine Elizabeth de Hongrie, consistait en fleurs de romarin macérées cinquante heures dans de l'esprit de vin, puis distillées. Absorbée avec une grande modération (4 g une fois par semaine !) et utilisée pour se laver le visage, cette eau était censée redonner la jeunesse et la beauté perdues : « *Avec cette recette, la reine de Hongrie, âgée de 72 ans était redevenue jeune et belle* [118] *!* »

Cette recette ayant évolué au cours des années, d'autres herbes y furent ajoutées : marjolaine ou origan, les sauges officinale et sclarée.

Marjolaine et sauges étaient connues et appréciées depuis l'Antiquité.

Comme la marjolaine, la sauge était très utilisée pour relever et parfumer les plats.

Mais ces deux plantes étaient aussi recherchées pour leurs innombrables vertus thérapeutiques. Si la marjolaine ou l'origan ont été de tout temps connues pour leurs qualités calmantes, anti-allergiques, digestives, et même actives contre la surdité selon une recette d'Hildegarde de Bingen, qui en recommande l'absorption quotidienne en poudre, c'est pourtant la sauge qui est sans conteste la plus appréciée. Un axiome de Salerne au XIVe siècle disait : « *Pourquoi mourrait-on lorsqu'on cultive la sauge dans son jardin, si ce n'est qu'aucune plante n'est assez forte contre la mort ?* »

On ne pourrait mieux résumer son rôle qui reste très important dans la phytothérapie moderne, qu'en citant H. Leclerc : « *Diurétique, emménagogue, stomachique, vulnéraire, hémostatique, aphrodisiaque, utile dans*

A droite : La **Sauge sclarée** était cultivée depuis l'Antiquité. Elle était récoltée par les Romains selon un cérémonial un peu similaire à celui des druides avec le gui. Elle figurait au capitulaire De Villis de Charlemagne en 795. (233)

Ci-dessous : C'est la **Sauge officinale** (salvia, du latin « *salvare* », sauver) « *qui est sans contexte la reine des plantes médicinales comme la rose est celle des fleurs d'agrément* ». (81v°)

La **Sauge** est souvent citée dans les recettes ; on en faisait entre autres une sauce très appréciée, le « saugé », à base de feuilles de sauge et de vin blanc, auxquels on ajoutait girofle, gingembre et poivre. (99)

La **Coriandre,** qui avait la même réputation que la sarriette, servait à préparer des philtres d'amour. (24v°)

la léthargie, la paralysie, l'épilepsie, propre à favoriser la conception et à faciliter l'accouchement : telles sont quelques-unes des innombrables vertus que lui attribuèrent les médecins de tous les temps et de tous les pays [119]*…* » Avec toutefois une mise en garde, certains des principes décelés dans son huile essentielle s'étant révélés violemment toxiques, ce qui encourage à la modération [120].
Figurent aussi dans les *Grandes Heures* le basilic, la sarriette des jardins, l'aneth, la coriandre.
Le basilic « herbe royale », l'aneth et la coriandre ont en commun une très longue histoire ; connues, cultivées et consommées en Egypte pharaonique, puis tout au long de l'Antiquité jusqu'à nos jours, elles sont aussi depuis toujours des plantes médicinales très utilisées. Entre autres vertus, stimulantes, antispasmodiques, digestives, antihoquet pour l'aneth que Charlemagne faisait placer sur la table des banquets, elles figurent dans tous les traités médicaux.
Mais l'aneth était peut-être aussi utilisé pour des avortements, car, selon le *Livre des simples médecines* [121], sa graine bouillie dans du vin « *était bonne pour enlever les superfluités de la matrice… et faire sortir l'enfant du gîte (?)…* »

Le Basilic, très apprécié et cultivé au Moyen Age, avait un symbolisme à la fois érotique et funéraire. Guérisseur, sa cueillette était accompagnée d'un rituel veillant à la pureté absolue des mains et des vêtements du cueilleur… (74v°)

La **Sarriette des jardins** illustre une fois de plus l'ambiguité du rôle des plantes et de leur symbolisme… (213)

La sarriette des jardins, condimentaire appréciée, soignait aussi aphtes et angines.
Au Moyen Age « *symbole d'innocence, elle préfigure la vie monacale* [122] », mais paradoxalement, elle avait aussi une réputation d'aphrodisiaque qui a fait rapprocher son nom latin *satureia* du mot satyre… et conduit plus tard le marquis de Sade à faire servir des confiseries à base de sarriette au cours d'une réception pour reconstituer les orgies romaines [123].
La coriandre, euphorisante, avait un rôle similaire. Les recettes aphrodisiaques étaient nombreuses dans les manuscrits médicaux ; il faut admirer au passage l'abnégation des moines copistes voués plutôt aux plantes calmantes.

Si l'**Aneth** a le privilège d'être mentionné dans l'Evangile de saint Matthieu, ce n'est pas pour ses diverses utilisations, mais pour signaler qu'il faisait l'objet d'un impôt. (233v°)

Menthe des champs. (143v°)

Menthe aquatique. (144v°)

La **Tanaisie** remplaçait parfois la sauge et faisait partie des herbes amères consommées pour rompre le jeûne du Carême. (60v°)

Une autre plante, croissant sur les talus et les chemins, maintenant le plus souvent chassée des jardins où elle était autrefois cultivée et même considérée comme ornementale, la tanaisie, était appréciée pour parfumer les plats. Le *Mesnagier* donne une recette d'œufs durs à la tanaisie, où cette dernière était broyée avec du gingembre et du vinaigre avant d'y déposer les œufs [124].
Un peu sorcière, elle était créditée de bien des ressources *« c'est chose presque impossible à croire que toutes les vertus que possède cette plante »*, nous dit Platearius, qui, entre autres recettes, nous dit que *« pour rendre un enfant gai et beau »* il suffisait de brûler un faisceau de tanaisie sous son lit.
Bonne pour la digestion, contre la toux, elle est restée médicinale, avec beaucoup plus de modération qu'autrefois, son huile essentielle ayant été reconnue très toxique.
La forte senteur légèrement camphrée de la tanaisie fait qu'elle a été longtemps utilisée comme insecticide, ou pour parfumer armoires et maisons.

Et bien sûr, les menthes, cultivées ou sauvages, qui ont leur place un peu partout dans les jardins et les chemins. Elles sont ici représentées par six de la douzaine de variétés recensées maintenant par les botanistes dans nos régions. Ceci montre à la fois leur importance et l'intérêt que Bourdichon leur apportait…
Elles sont pratiquement toutes comestibles, en particulier les espèces cultivées, comme la menthe verte, ou la menthe pouliot, si parfumées, souvent utilisées au temps des *Grandes Heures*, comme les autres condiments, hachées, crues ou cuites, pour relever les plats. Leur parfum dans la cuisine, les boissons, les confiseries, continue d'être très apprécié.
Mais comme pour les autres condiments, leur rôle médicinal a toujours été important.
Nous avons croisé près de l'eau la menthe aquatique, dont Hildegarde de Bingen dit *« celui qui, pour avoir trop mangé et trop bu, a l'estomac lourd et en devient poussif, consommera abondamment de la menthe aquatique, crue ou cuite… elle refroidit les entrailles trop chaudes ainsi que leur graisse »* ; et pour la menthe pouliot, cultivée

La **Menthe pouliot,** dont les Anciers tressaient des couronnes lors des cérémonies (84v°)

Menthe verticillée, dite « Baume des jardins » par Jussieu (8[illegible])

dans le jardin, « *frictionner le jus pressé autour des yeux et des sourcils, sans toucher les globes oculaires et il chassera le trouble des yeux…* » et aussi « *elle nettoie l'estomac* ». Les vertus digestives, stomachiques, calmantes, de la menthe pouliot étaient, et sont toujours connues. Il en est de même pour la menthe à feuilles rondes au parfum de pomme ou la menthe poivrée (menthe verticillée pour Jussieu).

Les menthes étaient aussi réputées pouvoir soigner le rhume, simplement en mettant de petits sachets de leurs feuilles, chauffés, sur la tête.

Les contrepoisons étaient fréquemment administrés avec de la menthe qui avait la réputation d'attirer le venin. Il est évident que cette famille de plantes si répandues et aux talents guérisseurs si variés était précieuse.

Menthe à feuilles rondes. (1[illegible]3v°)

Menthe Pouliot. (10 v°)

Ci-dessous : **Menthe verte.** Selon la légende, le nom de « menthe » provient de Mintha, nymphe que Proserpine jalouse transforma en fleur (133).

L'**Artichaut** est un cardon amélioré, d'ailleurs nommé ici *« species cardo »*. (7v°)

Le **Poireau** était utilisé par les anciens Egyptiens pour soigner les brûlures ; par les Grecs et les Romains contre les saignements de nez ou la stérilité… et toujours comme diurétique, adoucissant, antiseptique, soulageant aussi bien la toux que les inflammations de la peau. (232v°)

La **Moutarde,** *« senepi »* de l'Evangile. Théophraste au IIIe siècle av. J.-C., en mentionne la culture. (68v°)

Dans les condiments, il faut ajouter la moutarde. Ses feuilles d'abord consommées confites dans le vinaigre, furent remplacées par ses graines broyées en pâte dans le verjus en s'inspirant d'une recette romaine. Le terme « mostarde » (moût ardent), apparaît dans un texte en 1288 pour la première fois.

Mais ni le cerfeuil ni le persil, pourtant bien connus et très utilisés *« moult convenables en cuisine pour adoucir en viande »* n'apparaissent dans les *Grandes Heures*…

Nous retrouvons parmi les « herbes » des légumes que nous connaissons bien :

L'artichaut ne devient légume qu'à partir du XVe siècle et il est encore considéré au XVIe siècle comme un aliment « luxueux ». Ses tiges confites dans le sucre furent plus tard considérées comme de puissants aphrodisiaques, le poireau, déjà cultivé depuis des millénaires, était alors surtout apprécié pour ses vertus thérapeutiques.

Améliorée au fil des siècles, la qualité du poireau en a fait un légume très apprécié et consommé. Au XVIe siècle, si ses pouvoirs thérapeutiques étaient volontiers reconnus, son usage comme aliment l'était moins : « *Il n'est point bon comme nourriture. Il nuit à l'estomac… il a la propriété de provoquer une fumée noire qui donne la mélancolie, laquelle fumée monte à la tête et obscurcit la vue…* [125] » Il entrait pourtant dans quelques recettes, telle celle de la *porée blanche « ainsi appelée parce qu'elle est faite avec le blanc des poireaux »*, nous dit le *Mesnagier*. La *porée* était une sorte de soupe bien épaisse, base habituelle des repas paysans et bourgeois, dans laquelle figuraient diverses racines, herbes et condiments selon les saisons et les possibilités.

L'**Oseille,** précieuse pour aciduler les sauces, dépurative, digestive… (212v°)

La **Patience,** dont les feuilles servent encore parfois à soigner les écorchures et les plaies superficielles. (216v°)

L'**Arroche**, plante des bords de chemins, de la famille des chénopodiacées. (9v°)

L'oseille, et la patience, plus douce, étaient cuisinées de la même façon.

L'arroche et l'arroche épinard utilisées comme ce dernier, « *en cuisine, en purée, nourrit peu* », mais souvent mélangée à l'oseille, la patience et autres herbes, dans les tourtes, porées, beignets et autres préparations culinaires. On lui attribuait des propriétés adoucissantes et diurétiques.

Les choux, pourtant parmi les légumes les plus consommés, ne figurent pas dans les *Grandes Heures*, à moins que l'« Alixandre » n'en soit un ?

L'**Arroche Epinard,** proche de son homonyme. On lui attribuait des propriétés adoucissantes et diurétiques. (139v°)

Les choux tendres et fondants que nous connaissons n'existaient pas encore. Les variétés cultivées, effectivement « à feuilles rudes », coriaces, demandaient une cuisson patiente : « *Sachez qu'il convient de mettre les choux sur le feu tôt le matin, et de les faire cuire très longtemps, plus longtemps qu'aucun autre potage, sur un feu bien fort*[126]. » On y ajoutait « de la viande grasse » et beaucoup d'assaisonnement : coriandre, cumin, ail, poivre… Le chou entrait ainsi souvent dans la « *porée* ». Si Pline y voyait « *une plante miracle qui avait permis aux Romains de se passer de médecins pendant six siècles* », Platearius, au contraire, déclare qu'ils « *donnent un sang mélancolique et au cœur une odeur horrible* » et même, pour les choux « crambe » : « *Ils sont mauvais pour les yeux, les dents, la gorge et la luette malades… Ne pas utiliser en médecine.* » Anne de Bretagne et Bourdichon étaient peut-être de son avis ?

« Alixandre » si difficile à identifier est peut-être un **Chou à feuilles rudes** comme le suggère J. Camus. (228v°)

La **Laitue** avait une réputation inattendue : « *Certains disent que cette herbe est bonne pour éclaircir la vue, parce que quand l'aigle veut voler haut, il mange auparavant de cette herbe et l'aigle est bien l'oiseau qui de loin voit le mieux…* » (153)

La **Roquette** à la saveur piquante, est excitante par l'essence sulfo-azotée qu'elle contient. (217)

Ci-dessous :
La **Chicorée sauvage,** déjà mentionnée dans les papyrus égyptiens, a suscité de nombreuses légendes. Beaucoup d'entre elles s'inspirent du fait que ses fleurs s'ouvrent et se referment au rythme du soleil : elles deviennent alors de belles jeunes filles ou princesses transformées en fleurs et attendant chaque jour le retour de leur amour… (31)

Nous trouvons aussi les salades que nous cultivons et apprécions toujours.
La laitue, connue depuis la plus haute antiquité pour ses feuilles mais aussi pour ses graines qui fournissent une huile comestible.
Son action sédative est très spécifique puisque les Grecs l'appelaient « l'Herbe des eunuques » ; elle avait son antidote dans la roquette, dont la réputation aphrodisiaque la faisait proscrire des jardins de monastères, mais qui était en général très appréciée.
La chicorée sauvage, bienfaisante, avait la réputation de fixer l'amour. Pour cela, sa racine devait être récoltée avec une pièce d'or, symbolisant le soleil, « *dans l'un des jours des apôtres* (29 juin et 25 juillet) [127] ».
Comme maintenant, la chicorée était consommée, en légume, en salade, au temps des *Grandes Heures*, mais l'utilisation de sa racine torréfiée, substitut du café (encore inconnu en France) est plus tardive.
« Amie du foie » déjà pour Galien, dépurative, tonique, la chicorée voit ces qualités encore reconnues.

Chicorée (132 v°)

Pissenlit, (« Dent de lion »), déjà nommé ici « *Dens de lion* » n'est pas mentionné dans les textes avant le xvᵉ siècle. (97)

Le pourpier, légume et salade, soignait aussi : ses feuilles étaient vermifuges et avec ses racines pulvérisées, brûlées, et mêlées à du miel on faisait une pâte « *qui cache les fentes qui se trouvent sur les membres des lépreux* [128] ».

Le pissenlit ou « dent de lion », était consommé avant sa floraison, comme nous le faisons encore. Il est probable aussi que ses qualités diurétiques, toniques et digestives étaient bien connues.

Les vertus thérapeutiques du pissenlit sont d'ailleurs si nombreuses que après un certain oubli, elles firent l'objet au début du XXᵉ siècle d'une mode nommée *taraxacothérapie*, du nom d'un des alcaloïdes qu'il contient, le *taraxastirol*. Diurétique, vulnéraire, le pissenlit était censé soigner aussi les maladies du foie, la goutte, les dermatoses, l'obésité…

Pourpier, que nous retrouvons maintenant dans le « mesclun ». (105V°)

Le **Concombre** était cultivé en Chine il y a 5 000 ans, en Inde, en Egypte, cité plusieurs fois dans la Bible… (204)

La **Calebasse** servait, sèche, de récipient pour les pèlerins. (81)

A gauche : **Coloquinte** appelée ici « quegourde de Turquie »(161)

Nous retrouvons des *cucurbitacées*, que nous connaissons bien, mais qui étaient déjà connues et consommées depuis des millénaires : le concombre, la coloquinte, et la calebasse. Ces deux dernières plantes étant appelées *quegourdes* dans le manuscrit, et *colloquintida*, pour le nom latin, comme dans le capitulaire de Charlemagne.

Le concombre, était peu apprécié des médecins médiévaux qui le considéraient comme un aliment particulièrement « froid » et indigeste. Il entrait cependant dans la pharmacopée comme purgatif et peut-être déjà comme adoucissant en cosmétique.

La coloquinte, toxique, était un purgatif violent ; la calebasse, variété très proche mais non toxique, était cultivée comme légume.

Ses graines étaient diurétiques et utilisées selon les tempéraments : cuites avec du coing et du jus d'orange pour calmer les colériques, ou cuites avec de la menthe pour fortifier les flegmatiques.

A côté de toutes ces « herbes » et légumes encore bien connus dans nos jardins, figurent des plantes potagères, qui ne sont pratiquement plus pour nous que médicinales, ornementales, ou tout simplement des « mauvaises herbes ».

La guimauve et la mauve sauvage étaient toutes deux – surtout la mauve – consommées en salades ou en potages, mais nous ne les retrouvons plus pour cet usage que dans des recettes anecdotiques.

Mauve et guimauve, *malvacées* très proches dans leurs utilisations, étaient préconisées par Dioscoride et Macer pour chasser les venins, mais elles restent sur-

Le **Souci** (dérivé du latin « *solsequia* » : qui suit le soleil, et qui fleurit aux calendes premier jour du mois pour les Romains) d'où son latin de calendula. (33)

Le **Souci** était considéré comme une plante magique et nous le retrouverons parmi les « sorcières ». (52)

tout connues pour leurs propriétés emollientes et adoucissantes, en tisanes ou en cosmétiques. La mauve et la guimauve font encore partie de la tisane dite « *des quatre fleurs* », bien qu'elle soit composée de sept plantes [129].

Le souci éclairant ici le potager de ses belles nuances jaunes et orangées, figurait, feuilles et boutons, parmi les « herbes à pot ». Ses fleurs ornaient et parfumaient les salades, ou usurpaient parfois le rôle du safran si coûteux, pour colorer les aliments ; ses boutons étaient consommés confits dans le vinaigre…

Le souci est aussi utile en médecine. Hildegarde de Bingen indique : « *Qui a mangé du poison, ou à qui on a donné du poison, fera cuire des fleurs de souci dans l'eau et, après les avoir pressées, les posera chaudes sur l'estomac. Cela met le poison en mouvement et l'évacue de la personne.* » Elle conseillait aussi le souci pour soigner les croûtes dans les cheveux et l'impétigo. Le souci était considéré en outre comme diurétique, sudorifique, emménagogue, décongestionnant, calmant, adoucissant, cicatrisant… Pourtant, à la fin du XVIe siècle, Olivier de Serres regrettait que ces fleurs ne soient pas plus utilisées en médecine « *malgré toutes les propriétés qu'on leur a attribuées* ». Ces qualités sont maintenant de nouveau en partie reconnues [130].

Et ses pétales orange et dorés éclairent toujours de nombreux jardins… et parfois salades et plats.

Des plantes que nous considérons maintenant comme des « mauvaises herbes » étaient aussi cultivées comme légumes, cette culture même les rendant comestibles car : « *Les herbes qui poussent simplement quand leurs graines sont tombées, sans travail de l'homme, et qui poussent brusquement et à la hâte, comme des bêtes sauvages, ne sont pas bonnes pour la nourriture de l'homme* [131]. »

Guimauve, dont le nom latin « *althaea* » est dérivé du grec « *althaianô* » (guérir), ce qui montre les qualités qui lui étaient attribuées. Elle fut longtemps cultivée dans les jardins de monastères. (231)

Mauve sauvage, considérée dans l'Antiquité comme une plante sacrée « libérant l'esprit de la tyrannie des passions » (71)

La **Bardane,** dont les larges feuilles étaient exploitées, depuis l'Antiquité, écrasées en cataplasmes contre les maladies de peau et les piqûres d'insectes. (83v°)

Comestible étonnant, la bardane, dont les robustes tiges étaient appréciées, consommées comme légumes « au goût de salsifis ».

La morgeline ou mouron des oiseaux, aux petites fleurs blanches en étoile, et dont les feuilles se mangeaient en salade ou cuites.

Nous rencontrons aussi un redoutable homonyme le Mouron rouge, qui lui n'est pas comestible et même toxique surtout pour les animaux. Si la comparaison ne s'imposait pas ici entre les deux Mourons si proches d'aspect (hormis leur couleur) il aurait sa place parmi les « simples » pour son rôle béchique encore reconnu.

La mercuriale ou ramberge, autre mauvaise herbe proliférant dans les jardins et les champs, était cultivée comme légume malgré son odeur désagréable et sa toxicité.

Le plantain était très apprécié, cuit en légumes, mêlé à des graines ou des fruits, et en salade.

Cependant, comme toutes ses sœurs comestibles, le plantain est une plante médicinale. Elle était utilisée au Moyen Age dans le traitement de très nom-

Plantain... il suffit que l'on piétine ses graines pour qu'elles prospèrent. (225)

Plantain, « mauvaise herbe » particulièrement résistante et prolifique puisqu'elle produit jusqu'à 15 000 graines... (132)

Mouron rouge, *(Primulacée)* autre Mouron qui n'appartient pourtant pas à la même famille que le Mouron des oiseaux *(Caryophyllacée)*. (176v°)

La **Morgeline, (Mouron des oiseaux)** ne semble pas avoir figuré dans les traités du Moyen Age, malgré son action calmante pour les voies respiratoires encore exploitée. (142)

La Mercuriale, (Ramberge), était préconisée en tisane par Dioscoride pour déterminer le sexe de l'enfant souhaité : plante mâle pour le garçon et femelle pour la fille bien sûr, mais sans préciser lequel des deux conjoints devait prendre la tisane... (100)

Bourrache officinale, que l'on retrouve parfois dans le « mesclun ». (18)

Apoustumée, (Vipérine). Comme son nom l'indique, cette plante était censée calmer les morsures de serpent. (84)

breuses affections. Associé à Mars, dieu guerrier et viril par excellence, le plantain était particulièrement désigné pour guérir les douleurs des testicules. Il servait aussi en élixir contre les piqûres « *de scorpion ou quelque autre vermine* » ou en traitement de la goutte ; ses feuilles contre les douleurs ; le jus contre les rhumatismes ; les racines mêlées à du miel pour guérir les fractures. Ses qualités cicatrisantes, apaisantes pour les piqûres et brûlures, antivenin, et ophtalmiques (mais, selon les croyances, seulement pour les yeux sombres, les yeux bleus étant pris en charge par le bleuet !), sont encore appréciées.

La bourrache officinale, ou ses proches l'« apoustumée » ou vipérine, étaient consommées aussi bien en condiments, feuilles confites dans le vinaigre, qu'en salade ; ses jolies fleurs bleues parsemées sur les plats pour les orner, ou confites dans le sucre, ou encore en boisson… Ces plantes « *bonifient le sang, il faut en donner à ceux qui relèvent de maladie, à ceux qui ont tendance à tomber en pâmoison, à ceux qui ont des maladies de cœur et à ceux qui souffrent d'humeur mélancolique* », indique Platearius qui précise « *leur en faire manger avec de la viande ou tout autre aliment cuit avec de la graisse, ou même crue* » et « *pour garder la mémoire… il convient de manger souvent cette herbe* ». Prouvant ainsi, une fois de plus, l'étroite union entre médecine et cuisine…

Lampourde, de la famille des Composées, comme la Bardane, avec laquelle selon H. Leclerc elle partage « *des propriétés médicinales identiques* ». (230v°)

Buglosse, plante précieuse pour les repas, car, selon Macer, médecin français du XIe siècle, *« pour rendre gais et joyeux les convives d'un dîner, répandre à l'endroit où il doit avoir lieu de l'eau de décoction de cette herbe et tous seront en liesse ».* (69)

La **Buglosse** pouvait guérir la fièvre, mais « avec trois branchettes (akènes) pour la "fièvre tierce", et quatre pour la « fièvre quarte ». (134)

Buglosse. Macer indique aussi : *« La buglosse en jus avec du miel soigne ceux qui ont des faiblesses du cœur et un souffle court semblable à des soupirs. »* (89)

A droite : **Chardon Marie,** appelé aussi « *Chardon de Nostre Dame* » parce que, selon la légende, les taches laiteuses que l'on voit sur ses feuilles avaient pour origine des gouttes du lait de la Vierge cachant Jésus aux persécutions d'Hérode. (125v°)

Il en était de même pour une de leurs proches parentes, la buglosse, consommée comme la bourrache, partageant les mêmes qualités et encore utilisée comme dépuratif et diurétique, fébrifuge.

Les chardons (autres que le carthame) ou l'artichaut déjà rencontrés dans notre promenade, sont nombreux dans les *Grandes Heures*. Bien que nous soyons dans le potager, où, en principe ces autres chardons ne sont pas admis, nous nous apercevons que la plupart d'entre eux, comestibles, ont quelque raison d'y être.
C'est le cas par exemple du chardon Marie, qui était consommé comme légume – une sorte d'artichaut sauvage – et comme salade.
Ce chardon est le plus proche de celui représenté sur un autoportrait d'Albrecht Dürer, à peu près contemporain des *Grandes Heures*. Selon les alchimistes, il est l'emblème de l'initié qui, semblable au chardon recueillant la rosée dans le creux de ses feuilles, recherche la Connaissance.

Cardère sauvage, (chardon à foulon). *(75v°)*

Chardon béni, proche du carthame. (85v°)

Panicaut, (Chardon Roland),
« ombellifère déguisée en chardon ». (103)

Un autre chardon qui ressemble au carthame, le chardon béni, était autrefois considéré, comme « *le refuge des malades, le trésor des pauvres, la panacée des pères de famille*... », ce qui résume bien les multiples vertus qui lui étaient attribuées.

Le panicaut (ou chardon Roland) ne se trouve plus dans les potagers, mais il était consommé et l'est encore semble-t-il : ses pousses en salade, ses feuilles confites au vinaigre ou au sucre.

Considéré depuis l'Antiquité comme aphrodisiaque et puissant diurétique, le panicaut était aussi conservé dans les jardins pour cette raison. Ses qualités longtemps oubliées, notamment après que Montaigne eut déclaré cette plante « inefficace » contre les calculs dont il souffrait, sont maintenant de nouveau reconnues.

Un autre membre de la famille des chardons, la cardère sauvage ou chardon à foulon, était elle aussi une plante précieuse et utilitaire, nous la retrouverons un peu plus loin. .

D'autres chardons figurent dans les *Grandes Heures*, plus difficiles à identifier mais qu'il est sans doute préférable de présenter ici avec les autres membres

Andive : Laitue sauvage pour Jussieu, **Séneçon** pour Jules Camus. (11v°)

A droite : **Laiteron ou laceron**. (135)

reconnus de leur famille. En une belle bordure, deux variétés de chardons, dits « indéterminables » par Jules Camus ; un cirse laineux (?) et un chardon identifié comme centaurée chausse-trape, mais qui serait plus proche de l'onopordon… Peut être se trouvera-t-il un botaniste ou un gastronome pour les reconnaître ?
D'autres « herbes » sont difficiles à identifier, peut-être à cause des mutations des espèces ou d'une imprécision du dessin : c'est ainsi que la plante nommée *andive* dans les *Grandes Heures*, est une laitue sauvage pour Jussieu et du séneçon pour Jules Camus. Il en est de même pour une plante nommée laiteron ou laceron, par Decaisne et Jules Camus, mais qui reste indéterminée. De toute façon, laitue, laiteron ou chicorée, étaient – et sont toujours – des herbes consommées.

A gauche : **Centaurée chausse-trape ?,** mais les feuilles ne correspondent pas. (110v°)

A droite : **Cirse laineux ?** (86v°)

Dans le potager des *Grandes Heures* poussent aussi les *legumina*, ou graines, très appréciées. Même si les variétés se sont améliorées et diversifiées au fil des siècles, nous les reconnaissons toutes.

Les fèves, généralement appréciées, demandaient une préparation longue, minutieuse et différente selon les saisons : « *Les vieilles fèves qu'on doit faire cuire dans leur cosse doivent tremper dans un pot sur le feu dès la veille au soir et pendant toute la nuit…* » avant de les rincer et de les faire recuire… tandis que les fèves de Pâques étaient mises à cuire « *sans les faire tremper au préalable… dans leur cosse… et laisser bouillir jusqu'à ce que la cosse soit ridée et craquelée… éplucher et écosser chaudes, cuillérée par cuillérée* » avant de les rincer, recuire, assaisonner, etc., selon *Le Mesnagier de Paris*, qui en donne de nombreuses recettes adaptées à leur degré de fraîcheur.
Leur utilisation dans les couvents était assez ambiguë : nourrissantes, peu coûteuses, très consommées, elles avaient même droit à une bénédiction particulière… pourtant, leur réputation d'attirer des idées peu conformes à la chasteté requise, entraînait une certaine méfiance. Leurs modes de préparation étaient là aussi bien précisés : une fois que les moines cuisiniers s'étaient « *lavé les mains et la figure et fait les trois oraisons prescrites* », ils lavaient les fèves dans trois

Le **Pois pigeon** était connu et cultivé depuis la préhistoire dans les cités lacustres avec le blé et l'orge. (48)

eaux successives avant de les mettre à bouillir, en les écumant bien et sans les laisser brûler « *car on ne mange pas les fèves qui ont "attrapé dans le fond"* ». Rincées à nouveau dans trois eaux froides, les fèves étaient ensuite assaisonnées [132].

Les fèves n'avaient pas que des partisans. Les anciens Grecs, à la suite de Pythagore qui en avait interdit la consommation à ses disciples, considéraient les fèves comme impures et porteuses de songes funestes. Dans le même esprit, le *Livre des simples médecines* les déclare « *très nuisibles à l'estomac en provoquant des ventosités. Ces ventosités montent au cerveau, engendrent des songes trompeurs et mauvais. Ceux qui en usent trop souvent souffrent sans jamais vraiment être malades… Elles enflent la chair comme levain dans la pâte* » !

Pourtant, les fèves nutritives, diurétiques, un peu négligées de nos jours, ont continué d'être très consommées durant tout le Moyen Age et la Renaissance.

Pour les haricots présents ici, il est possible que ce soit cette variété de *Phaseolus vulgaris*, « *rare butin honnête des conquistadores* », acclimatée comme nouveauté dans les jardins tourangeaux. Mais elle ressemble beaucoup aussi à la mongette, nommée dans le capitulaire de Charlemagne, « *faseolum* » ou « *fayot* » (mot que les militaires ont rendu péjoratif !). Candolle reconnaît d'ailleurs combien il est difficile de différencier les variétés de haricots « *quand on voit la peine que donne la distinction des espèces aux botanistes modernes avec les plantes mêmes sous les yeux…* ».

Il était recommandé par le corps médical de consommer les haricots frais plutôt que secs, ceux-ci étant accusés – comme les fèves – de donner des cauchemars ou des idées licencieuses.

Le pois pigeon semble n'avoir été consommé que sec jusqu'au Moyen Age. A cette époque apparaissent des recettes de pois nouveaux, verts « *cuits avec leur cosse ; avec du lard les jours gras ; les jours maigres il faut, lorsque les pois sont cuits, les égoutter, les verser sur du beurre salé fondu, puis remuer…* [133] ».

Les pois étaient aussi utilisés, entre autres, contre les troubles du système nerveux.

Les **Fèves,** cultivées en France depuis l'âge du bronze étaient, avec le pain et le vin, une des bases de la nourriture. (40)

A gauche :
Haricots, « *phaseolus vulgaris* », pour lesquels J. Camus indique : « *La figure de cette espèce dans un manuscrit de 1508 est intéressante au point de vue historique, car selon Alphonse de Candolle (Origine des plantes cultivées) "on n'est pas complètement sûr que le Phaseolus vulgaris fût connu en Europe avant la découverte de l'Amérique"* ». (194)

L'**Ail,** appelé *« rose puante »* par les Grecs était néanmoins apprécié par eux. Il est recommandé à Ulysse par Hermès afin d'échapper aux enchantements de Circé. (141v°)

L'**Oignon,** cultivé en Egypte dès l'Ancien Empire, figure sur les fresques des tombeaux et dans les papyrus médicaux. Longtemps considéré comme une plante magique, honorée à l'égal d'un dieu, il a fait l'objet d'un véritable culte. (143)

A droite :
L'**Ail** était lui aussi cultivé dès l'Ancien Empire égyptien, où il servait même de monnaie d'échange *« quinze livres d'ail valaient un esclave en bonne santé »*. (114)

Parmi les racines, qui comprennent toutes les plantes dont la partie consommée ou utilisée était souterraine, il en est d'encore bien connues.

L'oignon est depuis toujours très apprécié comme légume et comme assaisonnement. Mais il entrait aussi dans un grand nombre de traitements : contre le scorbut, la gangrène, les piqûres et morsures, les plaies de la bouche ; il était aussi réputé aphrodisiaque, diurétique et amaigrissant.

Il était pourtant loin de faire l'unanimité : Ysaac [134] l'accusait d'entraîner des maux de tête et de prédisposer à la folie « *à cause de leur émanation malsaine qui remontant de l'estomac s'empare du cerveau… ceux qui en mangent trop sont facilement atteints de délire la nuit, voient en leur songe des choses terribles et ont des rêves mélancoliques* », et Avicenne [135] disait que sa « *substance était visqueuse, astringente et vénéneuse…* ». Platearius, qui rapporte ces commentaires, ajoute : « *Dioscoride et bien d'autres auteurs de médecine ne disent pas que l'oignon est si mauvais et ne sont pas d'accord avec ce qui vient d'être dit.* »

L'ail, aussi indispensable en cuisine et en médecine que l'oignon, était lui aussi cultivé dès l'Ancien Empire égyptien.

Echalote, autre membre de la famille des *alliums*. (145v°)

A droite. La **carotte** figurait parmi les légumes cultivés dans les potagers de Charlemagne. (67v°)

L'ail était dit « *Thériaque des paysans* » par les Romains, c'est dire l'importance que ceux-ci lui accordaient, car la thériaque, incluant au fil des siècles une soixantaine de plantes, était pour eux la panacée universelle. Nous retrouverons cette thériaque à propos du pavot qui en était habituellement l'élément essentiel, remplacé ici – économiquement – par l'ail.

Les Romains consommaient d'ailleurs tant d'ail que l'on prétendait leurs conquêtes obtenues non pas par les armes, mais pour fuir leur haleine ! Les anecdotes et faits historiques concernant l'ail et l'oignon sont innombrables et illustrent bien leur importance dans l'alimentation et la médecine depuis des millénaires.

Figurant, comme l'oignon, dans le capitulaire de Charlemagne, cultivé dans les jardins de monastères pendant des siècles, l'ail est un guérisseur éclectique : contrepoison, aphrodisiaque, préservant de la peste, des venins et de la rage, antiseptique, hypotenseur. Cependant, comme l'oignon, sa force même devait inspirer la modération. Considéré comme « chaud et sec au 4e degré », c'est-à-dire au maximum, il pouvait selon Platearius « *nuire à la vue, nuire aussi au corps si l'on en use sans mesure ; il engendre la lèpre, l'apoplexie et bien d'autres maux* », exemple de plus de l'ambiguïté de ces remèdes maniés empiriquement.

Raifort. (Radis noir). (176v°)

L'échalote, elle aussi très cultivée au Moyen Age, est beaucoup moins célèbre, mais elle était censée posséder, affaiblies, approximativement les mêmes vertus que l'oignon.

La carotte, généralement blanche ou jaune et fibreuse, était beaucoup moins tendre et savoureuse que celles que nous connaissons et assez peu appréciée comme légume. Sa couleur orange apparaît semble-t-il seulement au XVIIe siècle, en Hollande, « *par hasard* », pour une variété baptisée « Longue-orange », répandue ensuite dans toute l'Europe et point de départ de celles que nous connaissons [136].

La carotte a toujours été considérée comme une plante calmante et diurétique.

Le raifort ou radis noir, très apprécié râpé pour assaisonner les légumes. Il était aussi utilisé contre les douleurs cardiaques, comme cholagogue et antiscorbutique…

La **Réglisse,** cultivée depuis l'Antiquité. (14v°)

La réglisse était employée en édulcorant. Ses emplois thérapeutiques étaient aussi importants. Hildegarde de Bingen écrit : « *La réglisse donne à celui qui la mange une voix claire ; elle rend son consommateur joyeux, dès qu'il l'a mangée ; elle éclaircit ses yeux et oblige son estomac à activer la digestion… La manger souvent profite particulièrement aux personne déchaînées car elle éteint la rage qui est dans leur cerveau.* »
En revanche, les autres « racines » consommées par les contemporains des *Grandes Heures* ne le sont que rarement actuellement.

C'est le cas de la campanule raiponce. Cette jolie petite plante aux fleurs mauves était cultivée pour sa racine assez semblable à la carotte blanche, et pour ses jeunes pousses. Si elle est toujours consommée, en légumes, ou ses racines crues râpées en salade [137], elle n'est pas très connue ni commercialisée en France. La campanule carillon se contente d'orner les plates-bandes.
L'ornithogalle, ou « dame d'onze heures », était consommée des racines aux jeunes pousses. Il faut pourtant ajouter que cette plante est maintenant reconnue

Campanule carillon, simplement ornementale. (79v°)

Campanule raiponce, dont la décoction de racine, longtemps utilisée en gargarismes pour soigner les angines est tombée en désuétude… (31v°)

Campanule « miroir de Vénus ». (89)

L'**Ornithogalle (« Dame d'onze heures »)**, *« lis bastard »*, eut l'honneur, à la même époque (en 1508) d'être également dessinée avec réalisme par Léonard de Vinci. (Sanguine et encre conservé à la Royal Library, château de Windsor, RL 12 424). (128)

comme légèrement toxique et « *pouvant même s'avérer cancérigène* [138] » !

L'épiaire ou stachys dont on consommait les racines, semblables aux crosnes. Son action emménagogue est toujours reconnue et utilisée en phytothérapie.

La livèche, ou céleri bâtard, était cuisinée comme ce légume.

La **Livèche (Céleri bâtard)**, stomachique et calmante, figurait déjà dans le capitulaire de Charlemagne. (96 v°)

L'**Epiaire (Stachys)**, *labiée* à l'odeur nauséabonde est aussi appelée *« ortie puante »*. (214)

Orchis à fleurs lâches ? (65v°)

Orchis mâle, encore appelé *Satirion*, pour ses vertus aphrodisiaques. (162)

Orchis brûlé ? (114v°)

Orchis pourpre, nommé ici *« grivolee »*, pour ses fleurs mouchetées comme des plumes de grives. (117v°)

Enfin, les orchis, jolies plantes de la famille des orchidacées (famille la plus étendue de tout le règne végétal), que l'on trouve encore à l'état sauvage pour certaines, plus ou moins répandues selon la variété. Elles étaient réputées pour fournir le « *salep* », nom donné plus tard, au XVIIIe siècle (du mot arabe « *sahlap* »), à une farine alimentaire très recherchée par les gourmets, et que l'on obtenait à partir des tubercules d'orchis. Les orchis sont en outre émollients et rafraîchissants.

Ceux figurant ici sont (sous réserve car les orchis sont difficiles à distinguer les uns des autres) : l'orchis à fleurs lâches, l'orchis brûlé, l'orchis pourpre, et l'orchis mâle.

Cette visite dans le potager nous a fait retrouver des légumes bien connus, et découvrir certains oubliés ou mal connus. Bien sûr, nous ne pouvons qu'apprécier la qualité des variétés maintenant cultivées : carottes tendres, choux pommés, choux-fleurs, haricots verts… et d'autres légumes encore inconnus en France au XVIe siècle, comme la pomme de terre ou la tomate.

Mais la diversité d'autres plantes présentes dans les plates-bandes des *Grandes Heures* et consommées à leur époque est digne d'intérêt elle aussi. C'est d'ailleurs ce que semblent penser certains cuisiniers ou gastronomes qui peu à peu réintroduisent dans leurs préparations ces herbes, ces fleurs, encore sauvages mais que nous retrouverons probablement peu à peu dans nos potagers… Celui des *Grandes Heures* en contient beaucoup, toujours fidèlement présentes dans la nature.

LES « SIMPLES »

A l'origine le mot « simple » désignait un « remède de base », par opposition aux remèdes par mélange d'ingrédients ; puis il s'appliqua seulement aux plantes médicinales que nous retrouvons ici.

Pratiquement toutes les plantes que nous avons vues jusqu'à présent joignaient à leurs qualités ornementales, nutritives, condimentaires, des vertus thérapeutiques.

A la différence de celles cultivées dans le potager, et souvent mêlées à elles, les plantes médicinales que nous allons rencontrer ne sont pas comestibles. Certaines étaient parées de telles vertus qu'elles étaient cultivées dans les plates-bandes, au même titre que les légumes, les condiments ou les fleurs, ou attentivement soignées dans les célèbres « jardins de simples » des monastères ou des particuliers, D'autres pouvaient bien sûr être cueillies, comme elles le sont encore, au hasard des champs, des bois, des talus.

Le choix de ces plantes pour soigner est souvent généré au départ par une ressemblance avec une partie du corps humain, un signe particulier, couleur, forme, odeur, les mois, les saisons de leur apparition, ou toute autre raison qui ne nous est plus perceptible. L'efficacité aléatoire de ces plantes, alors constatée empiriquement mais non expliquée, était souvent assimilée à la magie. Cette efficacité, observée avec un mélange d'émerveillement et de crainte, nécessitait donc des rituels rigoureux.

La période à laquelle devait être effectuée la cueillette précisait souvent non seulement le jour, mais aussi l'heure, midi ou minuit, jour ou nuit, lune montante ou descendante, et même le signe du zodiaque, selon les caractéristiques de la plante. Les plantes « solaires », comme le millepertuis par exemple, devaient être cueillies le jour de la Saint-Jean, jour du solstice d'été, chargé de force vitale et donc jour de cueillette idéal pour de nombreuses plantes médicinales.

Cette recherche d'efficacité maximale était encore renforcée par la façon de cueillir : à reculons ou non,

Millepertuis (59v°)

Aigremoine (93)

Bétoine, plante magique dès l'Ancienne Egypte, elle était censée guérir à peu près tout pour les Grecs, les Romains, et pendant tout le Moyen Age. (90)

en évitant que la plante ait un contact avec le sol, comme le faisaient déjà les druides avec le gui, ou au contraire en ne prenant que sa partie souterraine.
Des invocations ou des prières spécifiques étaient récitées. Ainsi, pour cueillir l'aigremoine (ou potentille), Platéarius indique : « *Cueillir trois racines en ayant bonne dévotion à Dieu, espérance en la guérison de la maladie, et en disant trois fois le Pater Noster et trois fois l'Ave Maria* [139] »... ou pour la bétoine : « *Avant de la cueillir, il faut dire d'un cœur dévôt en se penchant sur elle :*
– Herbe bétoine qui au commencement fut trouvée par Esculape, je te requiers par cette prière, toi qui es appelée Dame de toutes les herbes et par Celui qui ordonna que tu fusses créée pour œuvrer dans tant de médecines... je te requiers de bien vouloir m'aider dans toute chose que je voudrai [140]. » Les exemples sont nombreux et montrent souvent une sorte de crainte respectueuse, mêlée à l'espoir... et à la superstition. L'« effet placebo », encore très utilisé de nos jours, devait tout particulièrement agir dans bien des cas.
L'importance vitale des simples se mesure donc à la minutie apportée dans leur culture et leur récolte, mais aussi à l'éclectisme de leur utilisation. Il était souvent demandé à une même plante des remèdes pour une multitude de maux, allant comme nous l'avons déjà vu, des verrues à la lèpre ou au cancer (la bétoine citée plus haut était censée guérir quarante-sept maladies !).
Pour cela, les diverses parties de la plante, des racines aux bourgeons, feuilles, fruits, fleurs, écorce étaient employées, ensemble ou séparément, variant la posologie ou la préparation : décoction, infusion, emplâtres, cataplasmes, pilules, mêlés ou non à d'autres substances...
Celles-ci pouvant être banales, comme vin, graisses de porc ou de bœuf, huile, lait, miel, farine, œuf (en formant de petites crêpes), ou plus étonnantes, comme la « *mummie* » ou « momie » « *que l'on trouve dans les sépultures des morts et qui doit être noire, puante et ferme* [141] » (et qui se vendait couramment chez les apothicaires), de la graisse d'ours ou de la fiente d'aigle...

Dans le « jardin des simples » des *Grandes Heures* où nous entrons et dans ses entourages, poussent donc des plantes cette fois entièrement consacrées à soigner.
Toutes utiles, toutes précieuses, ces plantes en charge de la santé des humains sont nombreuses ici, et nous les découvrons un peu pêle-mêle. Il aurait été toutefois possible de les classer, ne serait-ce que par affinités de couleurs, souvent critères de choix pour leur utilisation : à suc ou à fleurs jaunes, pour soigner le foie, ou rouges en rapport avec les problèmes sanguins, par exemple... Mais nous sommes dans un jardin, ou dans ses abords et là une classification rigoureuse n'est pas de mise : la diversité, les contrastes sont des charmes de plus.
En outre, ces « simples » sont souvent chargés de tant de rôles qu'il serait injuste d'en cantonner certains dans un seul.
La modeste petite *labiée* aux épis pourpres, la bétoine, que nous apercevons, en est un bon exemple. Cette plante était tellement chargée de l'espoir des malades qu'on l'abordait avec respect et d'« *un cœur dévôt on se penchait vers elle* ». Le *Livre des simples médecines* cite en effet quarante-sept maux que la bétoine pouvait traiter, donc sans se cantonner aux plaies ou accidents

Bugle rampante, parée au Moyen Age de tous les dons. (146v)°

Lierre terrestre, vivace aromatique. (45v°)

A gauche :

L'**Agripaume,** dont le nom latin *« leonorus cardiaca »* rend compte à la fois de son aspect bien raide « queue de lion » et de ses pouvoirs cardiotoniques célèbres jusqu'au XVIIIe siècle, puis oubliés. (50v°)

sanguins que sa couleur pouvait suggérer. Cette réputation polyvalente de la bétoine s'est prolongée jusqu'au XIXe siècle.

Curieusement, si les recherches actuelles ont confirmé bien peu de ces pouvoirs et reconnu une toxicité qui en a fait supprimer l'usage interne, elle peut encore aider à cicatriser les ulcérations ou les plaies.

La grande famille des *labiées* a donné beaucoup de plantes médicinales, extrêmement diverses. Nous avons déjà vu et présenté dans le potager le basilic, l'hysope, la sauge, le romarin, la sarriette, la marjolaine et les menthes, qui auraient bien sûr aussi leur place dans le jardin des simples et ses entourages. Leurs qualités toniques et digestives sont toujours connues et exploitées.

Nous trouvons d'autres *labiées* ici.

L'agripaume, maintenant « mauvaise herbe » aux vertus presque oubliées, était cultivée dans les jardins de monastères, comme ici. Elle entre encore pourtant dans des préparations calmantes pour les cœurs « nerveux ». Une autre *labée,* la bugle rampante, elle aussi bien oubliée, était réputée vulnéraire, astringente, cicatrisante, et selon un dicton de l'époque « *qui a la bugle et la sanique, fait au chirurgien la nicle* ». H. Leclerc [142] qui cite ce dicton ajoute pourtant que « *la bugle est la plus résolument inerte des herbes* », et vante les vertus de la sanicle – qui n'apparaît pas dans les *Grandes Heures*...

Toujours parmi les *labiées,* le lierre terrestre, aux fleurs bleu-violet, glisse ses longs stolons entre les plantes. Connu pour ses propriétés thérapeutiques depuis la plus haute antiquité, il jouait un grand rôle : béchique, tonique, luttant contre les bourdonnements d'oreille « *quand de mauvaises humeurs donnent la tête lourde et la rendent brumeuse au point qu'on entend un bruit de ressac dans les oreilles* », pectoral, vulnéraire comme il l'est encore, il s'y ajoute au XVIe siècle le soin des plaies internes et externes.

Lamier pourpre (Ortie morte). (28v°)

Lamier tacheté. (141)

Ortie blanche (Lamier blanc). (83)

Mélisse, proche du Lamier tacheté des *Grandes Heures*, identifié comme « Mélisse sauvage » par Jussieu. (151v°)

D'autres *labiées*, les lamiers, sortes d'orties : ortie blanche ou lamier blanc, lamier pourpre ou ortie morte ; lamier tacheté. Envahissantes, ces orties non piquantes seraient plus à leur place dans les endroits moins civilisés de notre paysage, mais l'auteur des *Grandes Heures* en a soigneusement rassemblé les représentantes. En outre, leur usage thérapeutique était important : tonique, fortifiante, expectorante, cicatrisante, chacune d'elles avait ses vertus.

Il faut noter que l'ortie piquante, pourchassée dans nos jardins mais aussi abondamment utilisée – pour soigner, comme légume, engrais, ou fibre – n'est pas représentée ici.

La germandrée, que nous voyons ici, avec ses feuilles très découpées, est probablement une germandrée botrys, mais elle partage avec les trois autres variétés de germandrées répertoriées, les mêmes vertus et les mêmes légendes. L'une de ces légendes explique leur nom de « *teucrium* » (de Troie) par une découverte faite par le roi troyen Teucer : celui-ci aurait constaté que parmi des entrailles provenant d'un sacrifice et jetées sur des germandrées, la rate avait été entièrement consumée… Les pouvoirs donnés pendant des siècles aux germandrées de diminuer la rate, ou d'empêcher les putréfactions, provenaient probablement de telles légendes…

Les vertus réelles des germandrées sont néanmoins antiseptiques, stimulantes, apéritives.

La germandrée petit Chêne, très proche de celle que nous voyons ici, mais aux feuilles moins découpées, entre – pour ces qualités apéritives – dans la fabrication de vermouths et de liqueurs…

La mélisse était mentionnée par les auteurs anciens. Elle avait « *vertu de séparer, diviser et dégager les humeurs* ». Son utilisation semble cependant se limiter à l'usage de cordial, repris beaucoup plus tard, au début du XXe siècle, par les moines de la Chartreuse, des Carmes, et les bénédictins, dans des liqueurs bien connues.

Au centre :
Germandrée botrys « *teucrium* » (de Troie), d'après des légendes ayant cette origine. (115v°)

À droite :
Balote noire (ou **fétide**) les deux variétés étant très proches. Elle est aussi nommée **Marrube** (également noire ou fétide). (126v°)

Une Balote, malgré son odeur désagréable qui, dans certaines variétés *« tient du moisi des caves humides et de la mèche qui charbonne »* est toujours – depuis des siècles – utilisée comme antispasmodique. Elle était même autrefois employée pour soigner l'épilepsie.
Toujours parmi les *labiées*, la lavande avait un rôle très important en médecine. Hildegarde de Bingen, qui lui consacre tout un chapitre, en dit notamment : *« Qui fait bouillir de la lavande avec du vin ou avec de l'eau et du miel et en boit souvent tiède, soulagera les douleurs de son foie et de ses poumons ainsi que l'oppression de sa poitrine, purifiera son savoir et clarifiera ses pensées. »*
La lavande, comme maintenant, était très utilisée en cosmétique et son arôme parfumait la maison et éloignait les insectes.

Lavande, ici « aspic » et encore connue sous ce nom, notamment dans le Midi. (23)

De gauche à droite : **L'Achillée sternutatoire** fournit en outre, depuis plus de 3 000 ans, les petites baguettes végétales utilisées en Chine pour la divination... (68)
Achillée millefeuilles, qui, selon la légende doit son nom à Achille qui aurait guéri, après une bataille, les blessures du roi de Mycènes, Agamemnon... (147)
Séneçon, du latin *Senex* : vieillard, ainsi appelé parce que les fruits du séneçon forment une légère boule blanche, rappelant la chevelure d'un vieillard.... (216)

L'achillée sternutatoire mais surtout l'achillée millefeuilles, de la famille des « *composées* », faisaient partie depuis l'Antiquité des herbes les plus précieuses de la pharmacopée, en particulier pour leur rôle cicatrisant, qu'elles ont gardé jusqu'à nos jours.
Depuis Hippocrate, elles étaient en outre utilisées pour guérir les ulcères, mais aussi pour leur action dépurative et stimulante.
Autre *Composée,* le Séneçon commun, était, selon Pline très efficace pour les problèmes dentaires : si l'on touchait une dent douloureuse avec du séneçon, en ayant soin de cracher par terre puis de replanter cette herbe, la dent ne ferait plus mal.... Si l'efficacité de ce remède est malheureusement sujette à caution, son rôle comme emménagogue est toujours reconnu.
Les camomilles : camomille vraie, camomille sauvage, grande camomille, ou matricaire ont de multiples utilisations. Ces camomilles que l'on aurait pu trouver

Camomille vraie. (13v°)

Grande camomille (matricaire), ici « *meremartyr* » pour ses propriétés emménagogues. (82v°)

Camomille sauvage. (220v°)

Le **Pavot,** ici associé avec des roses trémières figure parmi les plus anciennes plantes cultivées. Il est déjà représenté en un idéogramme sur une tablette mésopotamienne et en Egypte sur des papyrus médicaux. (52)

dans les champs de céréales ou de lin, ou le long du chemin, étaient cultivées pour leurs précieuses vertus. Connues en Egypte pour guérir la fièvre, préconisées par Galien et Dioscoride contre les douleurs, elles étaient au XVe siècle d'une utilisation thérapeutique extrêmement éclectique : « *Calme la douleur, l'obstruction de la rate, fait venir les "fleurs", garde de l'avortement, guérit l'enflure des paupières, les maux de tête, les plaies, les morsures...* », selon Platearius. Pour cela, les camomilles devaient être cueillies « *quand la lune est dans le signe du Bélier* » et en récitant une prière à la plante : « *Je te prends herbe pour la maille blanche et la douleur des yeux, afin que tu y apportes secours* [143]. »
Selon Macer, pour savoir si un malade guérirait ou non, il fallait l'enduire d'une pâte faite de matricaire cuite dans l'huile d'olive et lui faire boire de grandes quantités d'eau chaude « *s'il transpire c'est bon signe, il guérira - sinon c'est mauvais signe : il mourra* » !
Calmantes, digestives, bienfaisantes pour la peau, les yeux, les cheveux : c'est pour toutes ces qualités que les camomilles sont encore cultivées.

Le pavot était l'attribut de Déméter qui calmait avec de l'opium le chagrin causé par l'enlèvement de sa fille Perséphone. Son histoire est longue et ses légendes multiples.
L'extrait de pavot, l'opium, était utilisé en Egypte « *pour empêcher les enfants de crier trop fort* » ; les graines de pavot mêlées à leur propre lait servaient elles aussi aux femmes de Salerne, selon Platearius, à calmer leurs enfants.
Associé par Hippocrate à la jusquiame et la mandragore comme narcotique, il est une des composantes de la thériaque [144], médicament qui se voulait universel, jusqu'en 1884, date où la thériaque disparaît du codex français. Opium, morphine et codéine extraits du pavot ont toujours été, et sont encore, précieux contre la douleur, mais depuis toujours aussi, les médecins ont été conscients des dangers mortels que représentaient leur accoutumance ou de trop fortes doses.
Les graines de pavot servent aussi, plus innocemment, à faire de l'huile, parfumer le pain ou les gâteaux.

Cynoglosse, *borraginacée* souvent associée à l'opium et autrefois réputée en partager les vertus dans une certaine mesure. (235)

Serpentaire, variété d'arum, dont le nom, selon Decaisne, fait allusion *« aux taches et bigarrures de la tige, rappelant celles de la peau des serpents ». (80)*

La cynoglosse, autrefois réputée, semble ne pas avoir d'autres vertus qu'émollientes et astringentes...
Pourtant de la même famille des *papavéracées* que les pavots, la chélidoine, en revanche, ne leur ressemble en rien, si ce n'est que, comme eux, elle contient des alcaloïdes toxiques. Dès l'Antiquité, la chélidoine était supposée avoir une multitude de pouvoirs, tels que ceux de rendre la vue aux aveugles, de guérir la peste ou de préserver la jeunesse...

En médecine, son suc jaune, selon une analogie avec la bile, devait soigner le foie.
La chélidoine était conseillée non seulement « *pour nettoyer la matrice et provoquer les fleurs retenues* », selon Platearius, mais également pour favoriser la conception. Elle servait aussi pour guérir les aphtes, et, même, mêlée à du vin, du miel et du poivre, contre la « taie » de l'œil... ce qui devait être assez douloureux, mais probablement moins que le collyre fait avec la serpentaire, mêlée de chaux vive et de vinaigre. Cependant, de l'Antiquité à nos jours, le talent le plus efficace du suc de la chélidoine est bien de guérir les verrues et les cors...
La chélidoine, souvent appelée « grande éclaire » (peut-être pour ses fleurs jaunes ?), trouve un écho dans une autre plante aux fleurs jaunes, appelée parfois « petite éclaire » ou « petite chélidoine » : la ficaire, qui n'appartient pourtant pas à la même famille des *papavéracées* que la chélidoine, mais aux *renonculacées*.
Malgré, elle aussi, une certaine toxicité, la ficaire aurait pu éventuellement figurer dans le potager, car ses bulbilles sont comestibles et même nommées « froment sauvage » par Dioscoride [145] ; ses jeunes pousses étaient parfois également cuites comme légumes, au début du printemps.
Mais elle est surtout un tonique astringent et au Moyen Age était souvent appelée tout simplement « *Hemorroidum herba* ».

Chélidoine, dont le nom vient du grec *«chelidôn»* : hirondelle, peut-être parce que ses fleurs apparaissent au retour de ces oiseaux. Les alchimistes médiévaux pensaient que son suc jaune aidait à transformer les métaux en or. (38v°)

Ficaire, *« Mire soleil »* ici, pour ses fleurs jaune d'or, mais aussi malicieusement nommées « testicolos sacerdoti » pour ses précieux petits bulbes. (134v°)

Aspérule odorante, *qui avait « vertu d'assouplir, d'adoucir, d'ouvrir, de dissiper et consumer les humeurs »...* (32)

Solidage (Verge d'Or) ? S'il s'agit bien de cette dernière, ce serait elle qui figurerait dans les mains de la Vierge, sur les anciens zodiaques médiévaux sculptés. (229)

Primevère officinale, petite fleur annonçant le printemps que nous avons déjà rencontrée au pied des haies et des tonnelles. (41)

La primevère (dans sa variété officinale) a aussi sa place parmi les simples, tant ses applications étaient multiples. Si le *Livre des simples médecines* se borne à la préconiser en jus contre les fractures et les plaies, et comme diurétique, Hildegarde de Bingen la conseille contre la mélancolie et la paralysie, et Mattioli contre les « débilités du cœur ». Elle est toujours utilisée pour combattre rhumes et bronchites...

Nous rencontrons une belle plante vivace, aux fleurs jaunes, assez difficile à identifier d'après le dessin des *Grandes Heures*, puisque Jussieu y voyait une « *Lactuca sativa* », Decaisne un « *Senecio* » et J. Camus un « *Senecio paludosus* ». Toutes ces plantes, très proches, faisant partie de la vaste famille des « composées ». Parmi celles-ci, il semblerait plutôt que notre plante soit une solidage ou verge d'or.

Son rôle en médecine au XVIe siècle reste assez imprécis ; il est pourtant probable que ses qualités diurétiques, vulnéraires, astringentes étaient connues, comme elles le sont encore. Nous retrouverons la solidage parmi les plantes utilitaires, car elle fournissait de belles teintures et servait, séchée, à parfumer les maisons.

Recherchant la fraîcheur des buissons, l'aspérule odorante était entre autre précieuse contre les maux de gorge, cuite dans « un bon vin vieux » dont on faisait un gargarisme « *gardé dans la bouche en gargoulant...* ».

La véronique beccabunga aperçue en longeant les sentiers humides, appelée aussi « cresson de cheval », était consommée en salade, rappelant un peu le goût du cresson, comme son surnom l'indique. Pour ne pas la séparer des autres véroniques, non comestibles, présentes dans les *Grandes Heures*, nous la retrouvons ici.

La véronique beccabunga partageait d'ailleurs la réputation de soigner les affections de la peau avec la véronique teucriette, la véronique à épis et surtout la véronique officinale. Cette dernière était une plante médicinale traitant non seulement les problèmes dermatologiques, mais aussi respiratoires et pulmonaires, entre autres.

La molène, ou bouillon blanc, est un des béchiques les plus anciennement connus, déjà préconisé par Dioscoride, Pline, Hildegarde, contre la toux et les affections pulmonaires.

L'aunée, déjà rencontrée au bord de l'eau, était proclamée par les auteurs anciens, de Théophraste à

Véronique beccabunga, (Cresson de cheval), doit son nom, comme ses nombreuses autres sœurs les véroniques (une vingtaine d'espèces) au linge de sainte Véronique portant le visage du Christ, visage que l'on croit voir (avec beaucoup d'imagination) sur leurs fleurs. (135)

Véronique teucriette. (120v°)

Véronique à épis. (122v°)

Véronique officinale, plante médicinale considérée comme si importante que deux siècles plus tard, en 1690, l'herboriste Johannes Francus lui consacrera un traité de 300 pages. (27v°)

Consoude à fleurs blanches. (102)

Aunée, dont le nom latin « *inula helenium* » proviendrait du grec « *helenion* », en souvenir des larmes de la belle Hélène de Troie, qui auraient donné naissance à cette plante. (228)

Mattioli, pour ses propriétés toniques, antiasthmatiques. En outre, « *qui souffre des poumons en boira chaque jour (sous forme de "vin d'aunée")... le breuvage ôtera le poison de ses poumons... supprimera la migraine et éclaircira ses yeux* », écrit Hildegarde de Bingen.

Les vertus toniques de sa racine, seule vraiment active, sont encore reconnues

La grande consoude (consoude à fleurs roses), ou la consoude à fleurs blanches, autres plantes des endroits humides du jardin, étaient connues depuis l'Antiquité pour leurs vertus cicatrisantes, et consolidantes.

Au XXe siècle, la découverte par des médecins anglais d'*allantoïne* dans les rhizomes de consoude a confirmé une fois de plus les théories médicales antiques : l'*allantoïne* est une substance qui est toujours utilisée en dermatologie pour ses pouvoirs cicatrisants et calmants.

Molène (Bouillon blanc), dite « *Herbe à Bonhomme* », peut-être en rapport avec saint François de Paule que Louis XI appelait ainsi. (37v°)

Molène (Bouillon blanc), que nous retrouverons parmi les « utilitaires ». (234)

Grande consoude (consoude à fleurs roses), « *species consolida* », dont le nom latin « *symphitum* », du grec « *symphuô* » (je réunis) montre les qualités consolidantes pour les fractures. (106)

Fumeterre, *« grosse fumée qui sous l'action du soleil et de la chaleur de l'air se transforme en cette herbe »* nous dit Platearius. (154)

Pariétaire (Herbe de Notre-Dame), dont le surnom de *« Vitriol »* n'était peut-être qu'une allusion à sa réputation de nettoyer le verre, d'où son autre nom d'« Herbe à verre ». (144)

Pimprenelle rose. (229v°)

La petite et légère pimprenelle rose cicatrisait elle aussi les plaies, mais de façon inquiétante : « *Pour savoir si un blessé vivra ou mourra, piler avec du sel une poignée de pimprenelle pour en exprimer le jus, délayer dans un petit verre de vin. Donner à boire au malade à jeun et si l'on voit le breuvage sortir par la plaie, c'est qu'il n'en échappera point* [146]. »

La pariétaire ou « herbe de Notre-Dame », émolliente malgré son surnom de « vitriol », était connue depuis Pline, et très utilisée jusqu'au XVIIIe siècle.
La bugrane, diurétique dont Dioscoride disait que « *l'écorce de la racine macérée dans du vin augmente les urines, réduit la gravelle, corrode le bord des ulcères…* ».
Le fumeterre, léger, vaporeux, appelé aussi dans les campagnes « herbe à la veuve » « *car l'odeur de son suc est si âcre qu'elle aiderait les yeux les plus secs à pleurer* [147] ». Cette petite plante avait pourtant une solide réputation de guérisseuse : Dioscoride, Galien, Platearius, Mattioli la mentionnent pour son action sur le foie, et « *pour guérir le corps de toute pourriture* ». Elle soignait aussi la mélancolie…

La Bugrane, surnommée *« Arrête bœuf »* car ses racines profondes et puissantes bloquaient la charrue. (151)

Ci-dessous, à gauche :

Millepertuis, ainsi appelé parce que ses feuilles sont couvertes de petits points, qui, à contre-jour semblent autant de « pertuis » ou orifices. Aussi, « Herbe de saint Jean », nom peut-être donné en l'honneur de saint Jean-Baptiste, né selon la légende lors du solstice d'été, et dont le sang jaillissant de la tête coupée était symbolisé par les taches rouille de la fleur. (59v°)

Morelle noire, qui, malgré sa toxicité reconnue, était consommée depuis Dioscoride et que nous aurions peut-être pu trouver dans le potager… (232)

La **Belladone (« Belle dame »)** *« conduit ceux qui en ont mangé dans un profond sommeil et nombreux ceux qui en sont morts »*… (237)

Comme le millepertuis, dont les petites taches rouille sur les fleurs, associées au suc sanguinolent qui en suinte, en faisaient, selon la théorie des ressemblances, un remède idéal contre toutes les lésions entraînant une perte de sang. Cet usage a subsisté au fil des siècles [148]. Fleurs et feuilles seules étaient utilisées, « *la racine n'ayant nulle vertu* ».

Fleurissant avec le printemps, cueillie selon les rites le jour de la Saint-Jean, cette plante solaire était censée soigner les brûlures du feu ou du soleil. Les recherches modernes nous montrent au contraire que l'une de ses composantes, l'*hypéricine*, peut provoquer des brûlures cutanées ; en revanche, ces recherches montrent aussi que l'*hypéricine* est un efficace antidépresseur [149].

Le millepertuis était également utilisé en cas de jaunisse, de douleurs d'estomac et comme diurétique [150].

Pourtant, cette plante est maintenant reconnue toxique, donc dangereuse et réservée à l'usage externe.

Parmi les plantes figurées dans les *Grandes Heures* et cultivées dans notre jardin de simples, se trouvent de nombreuses autres plantes toxiques, déjà reconnues comme telles

Bien sûr, on ne peut pas soupçonner ici ces poisons en puissance de servir « *à s'assurer contre les incertitudes du destin* », comme le notait Tite-Live ! Mais leur emploi, particulièrement délicat en ce qui concerne le dosage, a dû donner lieu à quelques accidents…

La belladone, plante toxique, avait néanmoins un rôle important en médecine. L'atropine, l'un des alcaloïdes qu'elle contient, modifie puissamment les fonctions psychiques, ce qui la faisait utiliser en sorcellerie.

Elle était employée, et l'est toujours, comme antispasmodique, sédative et surtout pour les soins de la peau et son effet dilatant sur la pupille.

La morelle noire ou la morelle douce amère, de la famille des *solanacées* comme la belladone avec laquelle elles étaient parfois confondues. Toxiques comme elle, mais dans une moindre mesure, elles étaient utilisées pour « *destouper les conduitz* », en analgésiques et contre les dermatoses.

Morelle douce amère

(59)

Digitale pourprée, ici encore *« damoyselle »* ou *« simbalaria »*, son nom actuel lui a été donné en 1542 par le botaniste L. Fuschius. (72v°)

Euphorbe épurge. (93v°)

Euphorbe réveille-matin. (131v°)

Les euphorbes, « réveil matin » ou épurge, dont les effets sont comparables à ceux du curare, et pourtant utilisées comme vésicatoires.

L'ellébore, dont l'action contre la folie était connue depuis l'Antiquité et au Moyen Age. Si elle est oubliée maintenant, nous savons qu'elle était toujours en usage au XVIIe siècle, grâce au lièvre de La Fontaine et ses « grains » (mesure de l'époque) d'ellébore destinés à la tortue.

Déjà rencontrée sous les ombrages du jardin, la digitale pourprée. Aussi belle que dangereuse, elle est toxique et devait être utilisée avec beaucoup de précautions, pour soigner les ulcères.

Ce n'est que depuis 1785 que les propriétés cardiotoniques de la digitale ont été découvertes et introduites en thérapeutique par le médecin anglais William Withering, puis exploitées un siècle plus tard, en 1868, avec la *digitaline,* isolée par C.A. Nativelle [151].

Ellébore, qui *« purgeait les humeurs noires et mélancoliques »*.(147v°)

Adonide (Goutte de sang,
aux propriétés assez proches de celles de la digitale.(41v°)

Au centre :
Absinthe aluine, dont le nom latin « *Artemisia absinthium* » lui a été donné en l'honneur d'Arthémis, déesse de la chasteté. (101v°)

A droite :
La **Rue** était aussi appelée « *Rue fétide* » « ou « *Rue puante* » ! (92v°)

L'adonide ou « goutte-de-sang », toxique, se contentait elle aussi de soigner les ulcères.

La rue, herbe « magique », mais toxique, amère, malodorante, et pourtant emblème de la fidélité ! Elle était surtout connue comme abortive, déjà au temps de Rome, puisqu'elle fit mourir la fille de Titus au cours d'un avortement ordonné par Domitien.

Elle avait aussi la vertu « *d'absorber les chaleurs du corps humain* » et entrait pour cela – malgré sa toxicité – dans la nourriture des monastères.

Et elle avait en plus la réputation d'éloigner les serpents.

L'absinthe aluine, qui ressemble un peu à la rue, n'en a pas la toxicité si ce n'est dans la liqueur qui en était extraite au XIXe siècle. Elle en a toutefois l'amertume qui lui fit attribuer, dans les Saintes Ecritures, le symbole des épreuves de la vie ; elle en a aussi les vertus calmantes.

Reconnue apéritive par Avicenne, elle était de plus utilisée en huile contre la toux, en pommade contre les rhumatismes et la goutte, en décoction contre la mélancolie… mais aussi contre les vers, la jaunisse, l'obstruction de la rate, les maux de tête, l'apoplexie, la suffocation due au froid, les ecchymoses… et l'ivresse. Cette dernière qualité était tellement usurpée que la fabrication de sa liqueur « meurtrière » a dû être interdite.

Scabieuse des champs (Knautia), du latin « *Scabiosus* » (galeux). (6v°)

Scabieuse colombaire. (72)

Bryone, « *Navet du Diable* », rappelant qu'elle figurait parmi les plantes « *sorcières* ». (200)

Le mélilot, lui aussi suspect de toxicité, antispasmodique, diurétique, était employé en lotion pour reposer les yeux, et, cuit avec du vin « *pour conforter la digestion* ».

La bryone, que nous avons déjà rencontrée parmi les lianes sauvages, grimpant le long des tonnelles et des haies, est reléguée maintenant au modeste rôle de purgatif, diurétique, mais, comme nous l'avons vu, elle était autrefois créditée de bien d'autres qualités malgré sa toxicité.

Comme aujourd'hui, quelques-unes des plantes précédentes et beaucoup d'autres devaient plus souvent être récoltées dans les champs, les bois ou le long des chemins, que dans le jardin.

Au hasard de celles figurant dans les *Grandes Heures*, se trouvent les jolies scabieuses mauves, fleurs des bords de chemins et prairies sèches, utiles dans les affections cutanées et les eczémas ;la bourse à pasteur, aussi appelée « *sanguinaire* » au Moyen Age pour son rôle dans le traitement des hémorragies ;

Linaire commune, dite « *Réveille-matin* ». (73)

Mélilot. (231v°)

Bourse à pasteur, « *capsella bursa pastoris* », ainsi nommée à cause de la forme de ses fruits en forme de « *capsella* » (petite cassette). (137)

Le **Lotier corniculé**, « [illegible] des prés » et ailleurs joliment nommé « *Sabots du petit Jésus* » pour ses petites fleurs arrondies. (35)

Héliotrope sauvage, dite « *Herbe aux verrues* », mais dont le nom signifie « *attiré par le soleil* ». Les légendes qui s'y rapportent sont souvent proches de celles inspirées par la chicorée. (110)

Scrofulaire. (66)

Polygala amère (laitier commun), appelée aussi « *Herbe au lait* ». (71v°)

la linaire commune, autrefois officinale et maintenant oubliée ; la polygala amère, ou laitier commun, était administrée pour augmenter la sécrétion lactée des nourrices ; le lotier corniculé, que l'on trouve dans les champs, parmi les plantes fourragères, était un antispasmodique.

L'héliotrope sauvage, représentée ici (mais qui dans la nature a habituellement des fleurs blanches), possède un suc corrosif, réputé soigner les verrues, d'où son surnom.

L'héliotrope sauvage est sans parfum. Les héliotropes cultivées, parfumées, étaient connues depuis longtemps en Orient, mais ce sont celles du Pérou qui furent introduites en France au XVIIIe siècle par Joseph de Jussieu… Les dames de la Cour de Louis XV donnèrent à cette héliotrope le nom « d'herbe d'amour [152].

Une série de plantes cicatrisantes et hémostatiques : scrofulaire ; potentille ; une autre potentille l'ansérine ; ibéride, et en particulier les bec-de-grue ou cicutaire ; et

Potentille ansérine. (93)

Bec-de-grue (Cicutaire). (5v°)

Ibéride. (236v°)

Ansérine. (226)

Ansérine, d'une variété difficile à déterminer : « *chenopodium album* » selon J. Camus qui déclare sa représentation dans les Grandes Heures : « figure médiocre et douteuse ». (226)

Hélianthème nummulaire (Faux ciste), petit arbrisseau aux diverses nuances de jaunes, recherchant le soleil. (130v°)

Cocriste, bien raide, avec ses petites fleurs jaunes en casques, décrit par les botanistes comme un demi-parasite, prélevant de la sève brute sur les racines d'un autre végétal, au moyen de petits suçoirs... mais lui aussi représenté avec soin sur son fond d'or. (112v°)

Herbe-à-Robert. (44)

Stellaire holostée, blanche fleur de printemps, en tapis auprès des haies ou sous les arbres. (45)

l'Herbe-à-Robert considérées depuis l'Antiquité comme particulièrement efficaces étaient conseillées dans les pertes de sang, et même capables de consolider les fractures...

Et d'autres qui devaient avoir des fonctions curatives maintenant oubliées : stellaire holostée ; hélianthème nummulaire ou faux ciste ; et le cocriste.

Une *rosacée*, la Benoîte, citée semble-t-il pour la première fois par Pline l'Ancien pour ses vertus médicinales un peu oubliées au XVIe siècle.. Ses propriétés chimiques redécouvertes la font de nouveau utiliser en particulier comme tonique, fébrifuge, astringente.

Benoîte, appelée par sainte Hildegarde *« benedicta »* ou *« herbe de saint Benoît »*, elle était parfois supposée, malgré son saint patron), ensorceler celui qui la cueillait… (107)

Capillaire rouge (236 v°)

Ficaire (134 v°)

En quittant ces « simples », cultivés tout spécialement pour soigner ou cueillis dans les environs du jardin, et ajoutant une telle énumération aux propriétés médicinales des plantes déjà rencontrées, nous mesurons l'importance, mais aussi l'extrême diversité des remèdes végétaux proposés.

Patiemment observées, choisies, essayées, avec plus ou moins de réussite, certainement beaucoup d'erreurs et d'accidents, depuis des millénaires, toutes ces plantes permettaient de survivre en luttant dans une certaine mesure, contre les accidents, les maladies, la souffrance.
La difficulté était surtout d'apprécier la maladie elle-même, de choisir le remède… et d'en constater malheureusement les limites.
Mais déjà, en puissance, en ce début du XVIe siècle, comme nous le montrent toutes les plantes contenues dans les *Grandes Heures*, se trouvaient les bases de notre actuelle pharmacopée, dans laquelle plus de 60 % des médicaments sont à base de plantes.

La science moderne a très souvent confirmé par ses analyses les propriétés utilisées empiriquement depuis des siècles. L'*allantoïne* cicatrisante de la consoude ; le *salicium* de l'écorce du saule, utilisé depuis l'Antiquité comme fébrifuge et calmant et maintenant commercialisé sous forme d'aspirine ; l'*atropine* de la belladone pour soigner les yeux, ou le pouvoir narcotique de l'opium, sont parmi les exemples innombrables et de plus en plus exploités, de la connaissance approfondie des plantes qu'avaient nos ancêtres.
Il est aussi intéressant de signaler que quelques unes des plantes choisies selon la théorie des analogies, pour soigner la partie du corps à laquelle elles ressemblaient, se révèlent encore efficaces et utilisées pour ce rôle. Il en est ainsi pour les physalis, rencontrés dans le verger, aux fruits en forme de vessie et diurétiques ; la vigne rouge, dont les nervures des feuilles font penser à un réseau de veinules, encore utilisée pour aider la circulation sanguine ; la ficaire, « *Testicolos sacerdoti* » dans les *Grandes Heures*, soigne encore – mais plus approximativement – les hémorroïdes… Même si les noix ne soignent plus les maux de tête, que la pulmonaire officinale, dont les taches blanches sur les feuilles basales rappelaient – bien avant Mattioli – celles des poumons malades, a une « réputation surfaite » selon H. Leclerc ; ou que le capillaire rouge, ou polytric officinal, ne soigne malheureusement pas la chute des cheveux…
Si les progrès de la science ont permis de déterminer et de synthétiser chimiquement les molécules des plantes, modifiant parfois leur application, la précisant toujours, ils ont aussi souvent permis de vérifier ou non leur efficacité.
La grande différence est que nous ne demandons plus l'impossible à une même plante, que nous avons des moyens objectifs de doser durée et quantité du traitement, et que nous ne la croyons plus capable de remédier seule à de multiples maux… Mais nos ancêtres avaient fait, à la fois pour vivre et au péril de leur vie, le plus gros du travail.

Pulmonaire officinale (234 v°)

Tableau du mois de mars (6)

LES UTILITAIRES

Au hasard de notre promenade, nous avons rencontré beaucoup de plantes dont le rôle ne s'arrêtait pas à décorer, nourrir, soigner. Elles étaient là aussi pour toutes sortes d'usages pratiques et domestiques et nous les retrouvons ici, avec d'autres, en les rassemblant pour mieux les connaître.

Les étoffes, les cordages, les ficelles étaient fabriqués avec le lin et le chanvre dont les champs s'étendaient à l'horizon, mais d'autres fibres servaient au même usage – moins raffiné : genêts, houblon, guimauve et mauve, osmonde, orties, vigne…
La laine était cardée à l'aide de la cardère sauvage ou chardon à foulon.
La teinture de ces étoffes utilisait de nombreuses plantes. Pour reconstituer l'usage des plantes tinctoriales, peu de documents nous sont restés [153]. Cependant, en y ajoutant analyses, recherches récentes de reconstitution et expériences [154], nous pouvons avoir une idée plus précise des procédés employés.
Celles représentées dans les *Grandes Heures* permettaient d'obtenir des teintes variées.

Gaillet caille-lait jaune. (105v°)

Gaillet croisette. (133v°)

Sureau. (190)

Cynoglosse (235)

A gauche : **Gaude ou réséda jaune.** (154v°)

Pour les rouges, le carthame ou safran bâtard, variété de chardon rencontrée dans le potager comme condiment, était cultivé depuis l'Antiquité et donnait des tons dégradés du rose à l'orange selon les étoffes et les modes de teintures employés.

Les gaillets : caille lait jaune, croisette et gratteron appartiennent à la famille des *rubiacées* comme la garance. La garance pourtant très utilisée, cultivée ou sauvage, pour teindre en rouge, n'apparaît pas dans les *Grandes Heures*, mais ses cousins, les gaillets, avaient à peu près les mêmes fonctions : teindre en rouge avec les racines, et en jaune avec les fleurs.

Les gaillets jaunes, par ailleurs astringents, vulnéraires et diurétiques, doivent leur nom anglais de « Lady Bedstraw » à une jolie légende disant que cette plante faisait partie des herbes sauvages où s'allongea la Vierge Marie.

Le noyer, dont toutes les parties contenant des pigments et des tanins, permettaient d'obtenir des nuances brun-rouge très solides.

Le millepertuis et la tanaisie, plantes pleines de ressources que nous avons vues parmi les simples et dans le potager, permettaient respectivement des rouges ou des verts selon la méthode employée.

Pour les nuances de jaune au brun, la gaude ou réséda jaune, était, avec les gaillets, parmi les plus employées. Mais il y avait aussi les feuilles du troène, la grande lysimaque, et l'ajonc, plantes rencontrées au bord de l'eau, et la solidage, pour des nuances du jaune à l'orangé.

Les verts pouvaient être obtenus par les genêts. Les bleus par les fruits broyés du troène, ou du sureau, en une gamme de bleus et de gris, ou des dégradés de bleus et de violet avec la pulpe fermentée de la ronce, dont les épines défendaient les clôtures du jardin.

La cardère ou chardon à foulon, non seulement cardait la laine, mais séchée fournissait une teinture bleue, grâce à une substance qu'elle contient le « *dipsacan* » qui a donné son nom à la famille de cette plante les « *dipsacacées* ».

La galle du chêne permettait de teindre en noir.

Les cuirs étaient tannés grâce à la myrte, la salicaire, proche de la lysimaque, ou l'écorce de noyer, et teints avec l'épine vinette ou le rhizome d'iris.

Ce rhizome de l'iris jaune servait aussi, comme la galle du chêne, les baies du sureau ou du mûrier à fabriquer l'encre des manuscrits. Tandis que l'huile de lin, donnait la souplesse et le brillant des peintures.

Le fragon, petit houx, ou le gui, permettaient de fabriquer de la glu

Dans la maison, balayée grâce aux balais de genêt ou de bruyère, les fleurs odorantes comme l'aspérule, la tanaisie, les lavandes, jonchaient les sols, parfumant l'air et éloignant les insectes, aidées par le fusain.

Le jus d'absinthe préconisé déjà par Dioscoride « *protégeait les vêtements et les livres des vers et des souris* », comme le faisait aussi « *une tourte faite de farine et d'eau, additionnée de poudre d'ellébore, pour tuer les souris qui en mangeront* ». Et, selon Platearius, « *si dans une maison on brûle de l'ivraie, la fumée en chassera les bêtes venimeuses* ».

L'ajonc et la massette, substituts de l'osier, fournissaient les paniers, et les calebasses vides, des récipients pour les liquides…

La saponaire, qui contient des émulsifiants, était précieuse pour nettoyer et tenir lieu de savon (encore inconnu) ; son rhizome servait aussi à ôter le suint de la laine.

Les cendres d'arbres ont très longtemps servi de lessives…

Et bien sûr tous ces bois, selon leur essence, ont depuis toujours été indispensables pour chauffer l'âtre et le four, cuire les aliments, faire les charpentes, les meubles, les marqueteries, les petits objets…

Le bouillon blanc (ou molène), servait de « brandon ardent » grâce à sa longue tige séchée, enduite de graisse… et ses douces feuilles duveteuses « *pour s'essuyer le fondement quand on est allé dehors* ».

La liste de ces plantes utiles est longue, et loin d'être exhaustive… Leurs applications étaient innombrables aussi en parfumerie et cosmétique et parmi les plantes qui figurent dans les *Grandes Heures*, beaucoup sont encore utilisées, de façon différente mais souvent dans des buts similaires.

Les lis, les roses, les violettes, le jasmin, que nous avons déjà rencontrés dans le jardin d'ornement et la lavande

Saponaire. (62v°)

Gaillet gratteron, « mauvaise herbe » très répandue. (235v°)

Cardère sauvage (75 v°)

Myrte (15 v°)

Pêcher (180)

parmi les « simples », étaient la base de bien des préparations. En particulier comme nous l'avons vu, les eaux ou les poudres de roses et de violettes qu'appréciait Anne de Bretagne, ou des onguents soignant la peau, combattant rides, dartres et rougeurs, ancêtres de nos crèmes de beauté actuelles.

D'autres fleurs aussi servaient en cosmétique, telles que la pensée en lotion contre les affections cutanées, ou la cynoglosse ou langue de chien, de la même famille des *borraginacées* que la consoude ; la mauve, en eau émolliente, calmante, ou en poudre dentifrice avec sa racine séchée ; la poudre d'iris, parfumée et calmante ; l'anémone pulsatille contre les dartres, comme la joubarbe. Puis la myrte, dont les fleurs et les feuilles distillées donnèrent une lotion nommée « Eau d'ange » ; la belladone, la camomille, le bleuet, le plantain, pour embellir les yeux, comme l'Herbe-à-Robert, ou Géranium Robert, aux petites fleurs roses.

Parmi les plantes comestibles, l'avoine, la pêche, le concombre, aux vertus toujours reconnues, mais aussi l'eau distillée des fleurs du haricot, de l'hysope tonique, du romarin, qui entrait avec la marjolaine et la sauge, dans l'Eau de la Reine de Hongrie ; la racine fraîche de bardane, toujours utilisée contre les boutons, dartres ou furoncles, l'huile de blé, pour soigner aussi les boutons et les dartres…

La farine de fèves servait aussi bien pour « se nettoyer le corps », que pour « *empêcher les poils de pousser* », lorsqu'on la mettait sur la partie concernée du corps. Pour sa part, l'arroche, mise en emplâtre sur les ongles « *laids, tordus, abîmés, les fait tomber et les guérit* »…
Beaucoup de plantes aidaient à lutter contre la chute des cheveux, ou à les faire repousser. Le *Livre des simples médecines* notamment en donne de nombreuses recettes, parmi lesquelles : l'ortie « *pour empêcher les*

Concombre (204)

Arroche (9 v°)

cheveux de tomber, appliquer sur la tête du jus de cette herbe ou « *contre les "furfures"* (pellicules), *se laver 2 ou 3 fois avec du vinaigre dans lequel on aura cuit la semence, puis rincer à l'eau* »…

Les noisettes « *broyées entières et avec de la vieille graisse de truie ou d'ours, elles sont recommandées contre la chute des cheveux : les endroits dégarnis se recouvriront vite de cheveux…* ». Les châtaignes « *brûlées, mêlées à du vin* » ont le même effet. La scabieuse et le bouillon blanc, cuits ensemble, aident à lutter contre « *cette sorte de lèpre appelée alopécie qui fait tomber les cheveux* », en lavant ceux-ci avec leur eau de cuisson. La décoction de racine de fougère mâle a le même rôle.

Le buis enfin était lui aussi censé faire repousser les cheveux, et en outre « *on fait de ses feuilles et de ses copeaux, des lessives pour teindre les cheveux en jaune* »… Cinq cents ans après les *Grandes Heures*, nous retrouvons la majorité de ces plantes bienfaisantes pour la peau, les yeux, les cheveux, dans la composition des cosmétiques actuels… Une telle fidélité doit bien être le gage d'une réelle efficacité ?

Avoine (95 v°)

Bryone, « Navet du Diable » (200)

PLANTES MAGIQUES ET SORCIÈRES

Même si durant cette période charnière de la fin du Moyen Age et du début de la Renaissance des courants plus réalistes se dessinaient, recherchant la lumière, les ombres de la sorcellerie subsistaient, très fortes, comme elles ont toujours continué à le faire.

Les analogies entre plantes et humains avaient été observées depuis des siècles avant d'être formulées en une théorie quelques décennies plus tard. Ces analogies attribuaient aux plantes le pouvoir de guérir les parties du corps humain qui leur ressemblaient. Tout naturellement, cette croyance en leur puissance guérisseuse entraînait celle en leurs pouvoirs intercesseurs auprès de Dieu, mais aussi du diable. Avec ces pouvoirs multiples, sources de vie et de destruction, les plantes devenaient essentielles dans les pratiques magiques « blanches » ou « noires ».

Un siècle plus tard, Oswald Crollius [155] proclamait : « *Toutes les herbes, plantes, arbres et autres provenant des entrailles de la terre, sont tout autant de livres et signes magiques, communiqués par l'infinie miséricorde de Dieu.* »

Capables du meilleur et du pire, elles étaient tantôt les ennemies et tantôt les alliées du diable, parfois pour la même plante. Le diable, personnage important de la religion et de la vie de tous les jours incarnait le mal et le malheur, sous forme humaine et animale… Il était donc vulnérable et à la fois acteur ou victime des pratiques magiques et la seule vue de certaines plantes, comme la fougère ou la verveine était censée le faire fuir.

Cette ambiguïté du pouvoir des plantes est constante et nous l'avons constaté de nombreuses fois au cours de notre promenade, avec le sureau, l'aubépine, le prunellier, le noyer et de multiples autres, tour à tour protectrices et maléfiques…

Prunellier (109 v°)

La rue (92 v°)

Souci d'eau (33)

Le remède était proche du mal. L'inoffensif genêt se faisait balai pour le voyage virtuel des sorcières qui, ayant absorbé ou étant enduites de substances hallucinogènes comme la belladone et la jusquiame, s'envolaient par la pensée en des transes sataniques. Des chercheurs courageux, au début du XXe siècle, ont expérimenté ces substances et ont tous décrit cette impression à la fois effrayante et excitante. L'un d'eux, l'Allemand Gustav Schenk, toxicologue, écrit, après avoir respiré la fumée de graines de jusquiame qui brûlaient : « … *L'effrayante certitude que l'imminente désintégration de mon corps signifiait ma fin, trouvait sa compensation dans la joie animale que me procurait cette sensation de voler* [156]. » De retour du sabbat, les sorcières pouvaient trouver un calmant dans cette même belladone cultivée au jardin des simples.

Genêts, jusquiame et belladone n'étaient pas les seuls supposés faire voyager dans l'espace. Le souci d'eau ou calendula « *parce que toutes les calendes du mois il porte des fleurs* », en était parfois, lui aussi, jugé capable : « *D'aucuns qui l'ont expérimenté, mais qui ne sont pas à croire* (!), *disent que quiconque s'enduira le soir avant de se coucher, du jus de cette herbe, au matin se retrouvera changé de lieu* [157]. » Et si l'agitation du « voyage » avait provoqué quelques ecchymoses, le doux calendula pouvait les soigner.

Comme nous le montre la précédente déclaration du *Livre des simples médecines*, citant une « expérimentation » dont les expérimentateurs « *ne sont pas à croire* », les esprits scientifiques de cette époque avaient une position mitigée : sans renier tout à fait la véracité de certaines croyances, ils laissaient place au doute (ce qui n'était sûrement pas le cas pour la plupart de leurs contemporains). D'autres citations semblent bien confirmer ce fait, telles que, au sujet de l'aspérule : « *Certains disent que quiconque portera cette herbe sur lui sera préservé de toute diablerie et que la mettre*

sous la porte de la maison en garde tous les habitants. Mais il n'est pas damné celui qui ne le croit point… [158] *!* »
Médecine et sorcellerie étaient pourtant proches, avec les plantes pour alliées, et elles se confondaient parfois : en suspendant de la rue au cou d'un patient, pour le guérir de l'épilepsie en prononçant une formule de renonciation au diable, on n'était pas loin – à l'inverse – des incantations des sorciers. Blancs ou noirs, ils avaient les mêmes armes, mais utilisées de façons diamétralement opposées.

Toutes les plantes magiques que nous avons rencontrées figurant dans le livre d'Heures de la pieuse reine Anne devaient être employées dans la lutte contre les démons du mal et de la maladie et les incantations ou prières qui accompagnaient les soins, adressées à Dieu ou à ses saints.

Des plantes réputées puissamment ennemies du mal, comme la fougère et le millepertuis, le buis, le gui, le

Aspérule (32)

Fougère, (75)

Myosotis (29 v°)

Belladone (237)

romarin, entre autres, sont présentes. Elles poussent « à ciel ouvert », à l'opposé des racines alliées des sorciers : les racines plongeant dans les profondeurs de la terre étaient supposées avoir accès à leur mystère et, en conséquence, être liées aux puissances démoniaques souterraines.
C'est ainsi que la mandragore, plante reine de la sorcellerie, qui symbolisait ses pouvoirs, ne se trouve pas dans les *Grandes Heures*. Sa racine rare et précieuse, à la forme humaine, censée ne pousser qu'au pied des gibets et menacer la vie de celui qui récoltait sa racine, entourée de légendes, la mandragore était à la fois redoutée et désirée.

Romarin (149)

Son absence dans les *Grandes Heures* s'explique probablement par sa réputation maléfique, et surtout son absence dans les jardins du Val de Loire comme nous l'avons vu. Elle avait pourtant d'autres usages qu'Anne de Bretagne devait connaître. Machiavel [160], dans *La Mandragore*, fait dire à l'un de ses personnages, le médecin Callimaco : « *Sachez donc qu'il n'y a rien de plus propre à rendre une femme grosse que de lui faire prendre une potion composée avec une mandragore. C'est une cure dont j'ai fait l'expérience un grand nombre de fois et qui a toujours réussi ; sans cela, la reine de France serait stérile, sans compter une foule de princesses de ce royaume…* »

Mandragore, jusquiame et datura, autres plantes réputées pour les sorciers, sont remplacées ici par la bryone dioïque, « *navet du diable* » et la belladone, entrant dans les potions magiques, toutes deux toxiques, mais par ailleurs honnêtement médicinales ce qui justifie leur présence ici…

Comme les plantes médicinales que nous avons rencontrées, les plantes destinées à la magie devaient être cueillies à des moments précis et selon un certain cérémonial.
Le millepertuis, « *Fuga Daemonum* » (un de ses noms

latins signifiant « diable en fuite »), plante solaire par excellence, devait être cueilli le jour du solstice d'été, pendant les douze coups de midi, tandis que la verveine était cueillie la nuit : chacune des plantes ayant droit à un certain nombre de salutations ou à des prières appropriées.

L'ancien rituel de la cueillette du gui dans un linge blanc par les druides nous est bien connu, mais cette croyance selon laquelle la plante en touchant le sol perdait de ses pouvoirs, s'appliquait au Moyen Age à de nombreuses autres plantes.

Plantes d'ombre ou de feu, chacune d'elles avait ses pouvoirs qui devaient être préservés et accentués par tous ces rites, qui variaient d'ailleurs selon les régions. La croyance en ces pouvoirs n'a pas totalement disparu. Beaucoup des plantes que nous avons trouvées dans les jardins des *Grandes Heures* entrent encore dans les préparations aux secrets jalousement gardés, des sorcières de nos campagnes ou de nos villes.

Les drogues extraites du chanvre ou du pavot entraînent toujours dans des voyages de plus en plus maléfiques… Mais, heureusement, le buis béni est toujours censé nous protéger ; le houx, le gui, nous porter bonheur toute l'année, comme le muguet du 1er mai… et le myosotis dit toujours « ne m'oubliez pas »…

Pavot (98 v°)

Chanvre (88)

Chanvre (90 v°)

CONCLUSION

NOTRE PROMENADE ACHEVÉE en refermant le manuscrit des *Grandes Heures*, nous avons l'impression d'avoir retrouvé un monde que l'on croyait disparu. Presque toutes ces plantes qu'il renferme sont toujours là, fidèles, près de nous, donnant de précieuses indications sur ce qui fut la base même de la vie il y a cinq siècles, et souvent bien au-delà.

Depuis des millénaires nous retrouvons les mêmes catégories : plantes qui nourrissent, qui soignent, qui embellissent la vie ou la rendent tout simplement possible. Et celles, chargées de symboles ou de pouvoirs magiques, permettant de rêver et de quitter le réel… Mais selon les époques, certaines catégories revêtent plus ou moins d'importance.

Si les plantes ornementales continuent, comme au XVIe siècle, à décorer nos jardins et nos maisons, à accompagner les cérémonies et événements de notre vie, les autres plantes permettent de mesurer la différence des rôles attribués.

Les plantes médicinales étaient essentielles au XVIe siècle, leur pouvoir guérisseur n'étant concurrencé – ou complété – que par quelques minéraux et certaines parties des animaux. Dans les *Grandes Heures*, cette importance est évidente, puisque pratiquement toutes les plantes présentes contribuaient plus ou moins à soigner. Pourtant, malgré une très longue expérience, l'empirisme de ces utilisations nuisait à leur efficacité et n'empêchait pas échecs et accidents. Anne de Bretagne qui, comme ses contemporaines, connaissait bien les simples et soignait son entourage, en fit bien des fois la triste constatation.

Les plantes médicinales ont continué d'être utilisées comme telles aux siècles suivants, en particulier au XVIIIe siècle où la curiosité botanique était grande. C'est d'ailleurs à cette époque que Jussieu s'était intéressé au manuscrit des *Grandes Heures*.

Puis, au fil des années, même si les traditions familiales, locales, les herboristes [160], continuaient pour soigner d'utiliser les simples, les progrès des recherches chimiques conduisirent à exploiter ces plantes sous forme de médicaments, pilules et comprimés. Leurs propriétés chimiques, divisées en molécules anonymes et inconnues pour le plus grand nombre des utilisateurs, ont gagné en efficacité et sécurité. Mais les plantes, elles aussi, étaient devenues anonymes et inconnues.

Maintenant, de plus en plus, nous retrouvons dans les manuels de phytothérapie, les pharmacies, les produits de cosmétologie, les revues, la plupart de ces plantes que nous avons rencontrées dans les pages des *Grandes Heures*, réhabilitant leurs vertus, en ajoutant d'autres, ou parfois avertissant de leur toxicité.

Même si un petit nombre d'utilisateurs continuaient de les connaître et de les utiliser, la majorité d'entre nous redécouvrent ces herbes autrefois vitales.

« Redécouvertes », elles sont maintenant de plus en plus utilisées dans leur intégralité, comme autrefois… même si on ne leur demande plus une diversité impossible.

Nous mesurons aussi les profondes différences d'utilisation des plantes alimentaires.

Au XVIe siècle, les viandes, volailles, gibier et poissons étaient les aliments par excellence, puis les céréales sous forme de pain, les condiments et les épices très employés dans tous les plats ;

les légumes et les fruits, herbes, racines, graines étant surtout des compléments, ou réservés aux plus pauvres. Il est alors d'autant plus intéressant de les voir figurer dans les *Grandes Heures*, même si ce n'est pour certaines que pour leur rôle médicinal.

Là aussi, nous découvrons ou redécouvrons des plantes alimentaires pratiquement oubliées : racines, fleurs ou jeunes pousses de plantes longtemps méprisées, détrônées par ces plantes étrangères importées depuis le XVIe siècle et abondamment utilisées par tous, comme les pommes de terre, les tomates, le riz, entre autres.

L'habitude, la facilité nous avaient fait perdre le goût de ces recherches de nourritures « sauvages », souvent imposées alors par les disettes et provisoirement retrouvées durant des périodes critiques.

Les goûts varient aussi, nous ne recherchons plus l'accumulation d'épices ou de condiments, même si nous utilisons toujours, séparément, ceux figurant dans les *Grandes Heures*...

L'usage des plantes autrefois utilitaires est souvent tombé en désuétude avec le développement de l'industrie. Bien sûr, le lin et le chanvre servent toujours de textiles, mais l'ortie et les diverses autres fibres de jadis sont oubliées pour cet usage. On ne carde plus la laine avec des chardons, il n'y a plus d'encre de galle de chêne ou de rhizome d'iris et les plantes tinctoriales, malgré des essais de réhabilitation, servent surtout ponctuellement pour des restaurations.

Mais, au gré des modes, les essences de fleurs sont toujours à la base de nombreux parfums et cosmétiques ; si la violette est un peu démodée, la lavande, la rose, le jasmin, l'iris sont très présents dans les savants mélanges actuels. Lotions et crèmes indiquent de plus en plus avec fierté les bases « naturelles » de plantes entrant dans leur composition. Et leur présence même nous rassure...

Enfin, les plantes magiques sont toujours là. S'il n'y a plus de sorcières censées s'envoler sur leur balai de genêt, il y en a toujours qui préparent philtres et potions... Les drogues qui apportent voyages ou métamorphoses imaginaires continuent leurs ravages. Et nous croyons (toujours, un peu, au fond de nous), à la bonne influence de certaines plantes... Les exemples sont multiples, mais plus personnels et moins aisément reconnus : les pouvoirs se sont transformés en superstitions.

Les mœurs, les modes, les techniques changent, mais c'est avec bonheur que nous avons reconnu au fil des pages des *Grandes Heures*, presque inchangées, toutes les plantes qui y figurent. Cultivées, utilisées, abandonnées ou redécouvertes, elles servent fidèlement de trait d'union au-delà des siècles. Et en nous promenant le long des chemins, ou arrachant dans nos jardins les plantes qui nuisent à celles que nous cultivons, nous aurons une pensée pour ces humbles bannies, pourchassées, qui eurent autrefois droit à un fond d'or, en reconnaissance de leurs vertus. Les reconstitutions de jardins médiévaux menées avec minutie et passion, montrent bien le besoin que nous avons de retrouver littéralement nos racines. En nous replongeant aux sources de nos savoirs, nous nous reposons un peu de la vitesse et de la sophistication des progrès de la civilisation. Le manuscrit des *Grandes Heures* est comme ces jardins, puisqu'il nous permet de les imaginer.

LISTE DES PLANTES SELON L'ORDRE DES GRANDES HEURES D'ANNE DE BRETAGNE

Fol.	Nom actuel	Nom latin	Noms dans les *Grandes Heures*	
			Latin	Français
4v°	Epine-vinette	*(Berberis vulgaris)*	*Ale agrifolium*	Vignetier
5v°	Bec de grue	*(Erodium moschatum)*	*Clavelarie*	Becq de grue
6v°	Scabieuse	*(Scabiosa arvensis)*	*Cephagrossum*	Grousse testes
7v°	Artichaut	*(Cynara scolymus)*	*Species cardo*	Caroffle
8v°	Trèfle	*(Trifolium rubens)*	*Species tripholium*	Sousperantvin
9v°	Arroche	*(Atriplex hortensis)*	*Cicle*	Grenez de Bletes
10v°	Menthe pouliot	*(Mentha pulegium)*	*Pulegium*	Polioust
11v°	Séneçon jacobée	*(Senecio jacobaea)*	*Andiva*	Andive
12v°	Sarrasin	*(Polygonum fagopyrum)*	*Bladus Turquie*	Blé de Turquie
13v°	Camomille	*(Matricaria chamomilla)*	*Camamilla*	Camamille
14v°	Réglisse bâtarde	*(Astragalus glycyphyllos)*	*Specie pisei*	Peisars
15v°	Myrte	*(Myrtus communis)*	*Muleta*	Meurdre
16	Œillets	*(Dianthus caryophylleus)*	*Species tunici*	Huillet)
17	Pulicaire dysent.	*(Pulicaria dysenterica)*	*Consolida media*	Paqueretez)
17v°	Narcisse jaune	*(Pseudo Narcissus)*	*Species prima veir*	Symballes
18	Bourrache	*(Borrago officinalis)*	*Borrago*	Bourrochez
20	Marguerite	*(Leucanthemum vulgare)*	*Consolida maior*	Grant consode)
	Framboises	*(Rubus idaeus)*	*Fraxibasia*	Framboyses
20v°	Bleuet	*(Centaurea Cyanus)*	*Batizora*	Botecornille
22	Coquelicot	*(Papaver rhoeas)*	*Papaver rubeum*	Pavot rouge
	Perce-neige	*(Galanthus nivalis)*	*Species primula verum*	Primeveize
22v°	Jacinthe	*(Agraphis nutans)*	*Cimbalaria*	Clochettes
23	Lavande	*(Lavanda spica)*	*Spes lavandula*	Aspic
25	« Fleur négée »	(indéterminée)	…	Fleur négée
	Iris jaune	*(Pseudo acorus)*	*Acorus*	Glais d'eau)
25v°	Iris violet	*(Iris germanica)*	*Yris*	Flambe
27	Lis blanc	*(Lilium candidum)*	*Lilium*	Lys blanc
	Roses de Provins	*(Rosa gallica)*	*Rosa rubea*	(Roses rouges)
27v°	Véronique	*(Veronica chamaedrys)*	*Camepiteos*	Ne m'oubliez mie
28	Ancolie commune	*(Aquilegia vulgaris)*	*Angelica*	Ancolliee
28v°	Lamier pourpre	*(Lamium purpureum)*	*Species urtica mortua*	Gants Notre-Dame
29	Compagnon rouge	*(Lychnis coronaria)*	*Nigella*	Passe-rose
29v°	Myosotis	*(Myosotis palustris)*	*Amicalis subjectio*	Souvenez-vous de moi
30	Pommier (fleurs)	*(Malus communis)*	*Florum pomy*	Ponmier
30v°	Pervenche	*(Vinca minor)*	*Provinca*	Prevanche
31	Chicorée	*(Cichorium intybus)*	*Cicorea*	Siccoree
31v°	Campanule raiponce	*(Campanula rapunculus)*	*Mella*	Responces
32	Aspérule odorante	*(Asperula odorata)*	*Croset alilialis*	Franc-muguet
32v°	Lychnis fleur de coucou	*(Lychnis flos cuculi)*	*Jacea nigra*	Flamettes
33	Souci	*(Calendula officinalis)*	*Soussicle*	Calendula
33v°	Amarante crête de coq	*(Celosia cristata)*	*Passivelotum*	Passeveloux
34	Noisettes cultivées	*(Corylus maxima)*	*Corulus*	Norilles
34v°	Renoncule des prés	*(Ranunculus bulbosus)*	*Pes corvi*	Picot
35	Delphinium	*(Delphinium consolida)*	*Zelotipie*	Jalousie
35v°	Lotier corniculé	*(Lotus corniculatus)*	*Species trifolii*	Muguet des prés
37	Roses blanches et rouges	*(Rosa sp.)*	*Species rosarum*	Roses de la marque d'Ancousne
37v°	Molène (bouillon blanc)	*(Verbascum thapsus)*	*Species tassarum barbatum*	Pansée jaulne
38	Nielle des blés	*(Agrostemma Githago)*	*Nygena*	Nyelle
38v°	Chélidoine	*(Chelidonium majus)*	*Calidonia*	Esclaire
39	Lychnis dioïque	*(Lychnis dioica)*	*Species beben albi*	Janettes
39v°	Aubépine	*(Crataegus oxyacantha)*	*Spina alba*	Senelles
40	Fèves	*(Faba vulgaris)*	*Faba*	Feuves
40v°	Silène gonflée	*(Silene inflata)*	*Species beben albi*	Peterolle
41	Primevère	*(Primula veris offic.)*	*Species primaveri*	Coqun
41v°	Adonide	*(Adonis aestivalis)*	*Species amarice*	Rubitz
42	Ancolie	*(Aquilegia vulgaris)*	*Angelica*	Ancolies doubles
42v°	Pêcher en fleurs	*(Persica vulgaris)*	*Flores persici*	Pescher
43	Renoncule	*(Ranunculus acris)*	*Consolida*	Paqueretes jaulnes
43v°	Œillet de poète	*(Dianthus barbatus)*	*Species tunici*	Violete a trochetz
44	Herbe à Robert	*(Geranium Robertianum)*	*Herba Roberti*	Bec de Sygogne
44v°	Pâquerette	*(Bellis perrenis)*	*Consolida minor*	Margarites
45	Stellaire holostée	*(Stellaria holostea)*	*Avi rostrium*	Bec d'oyseau
45v°	Lierre terrestre	*(Glechoma hederacea)*	*Edera terrestris*	Que Dieu marcha
46	Vesce	*(Vicia cracca)*	*Species ciceris*	Vessereau
46v°	Prunier en fleurs	*(Prunus domestica)*	*Florum prunorum*	Prunier
48	Pois pigeon	*(Pisum arvense)*	*Cicer album*	Poys en gousse et en fleur
48v°	Compagnon blanc	*(Lichnis pratensis)*	*Species negella*	Coqueloudres
50	Trèfle	*(Trifolium pratense)*	*Trifolium maculatum*	Treifles
50v°	Agripaume	*(Leonorus cardiaca)*	*Catula*	Gripaume
52	Pavot blanc	*(Papaver somniferum)*	*Papaver album*	Pavot
	Rose trémière	*(Althaea rosea)*	*Species malve*	(Roses d'oustre-mer)
52v°	Salicaire	*(Lythrum salicaria)*	*Basta regia*	Violletes
53	Centaurée	*(Centaurea jacea)*	*Jacea nigra*	Hanon
53v°	Liseron	*(Calystegia sepium)*	*Corrigiola*	Goudetz
54	Fraisier des bois	*(Fragaria vesca)*	*Fragaria*	Freree
54v°	Genêt	*(Cytisus scoparius)*	*Genesta*	Genestz
55	Œillet giroflée	*(Dianthus caryophyllus)*	*Species tunici*	Guiroflee
55v°	Bleuet	*(Centaurea cyanus)*	*Species batizora*	Aubefin
	Chrysanthème des blés	*(Chrysanthemum segetum)*	*Species amarusta*	Sarrarine
56v°	Compagnon rouge	*(Lychnis dioica)*	*Species beben*	Colettes
57	Marjolaine	*(Origanum majorana)*	*Sansucus*	Marjolene grenee
59	Morelle douce-amère	*(Solanum dulcamara)*	*Species scolatri*	De la Cocqueree
59v°	Millepertuis	*(Hypericum perforatum)*	*Milleforamina*	Milles Pertuys
60	Violette	*(Viola odorata)*	*Viola*	Viollette de Mars
60v°	Tanaisie	*(Tanacetum vulgare)*	*Athanasia*	De la tanaisie
61	Hysope	*(Hyssopus officinalis)*	*Ysopus*	Ysope
61v°	Ancolie blanche	*(Aquilegia vulgaris)*	*Angelica alba*	Ancolies blanches
62	Pensée	*(Viola tricolor)*	*Menuta penseta*	Pansees
62v°	Saponaire	*(Saponaria officinalis)*	*Saponaria*	Janetee
63	Lysimaque	*(Lysimachia vulgaris)*	*Centaurea maior*	Menulys
63v°	Œillet blanc	*(Dianthus caryophyllus)*	*Tunici albi*	Violecte blanche
65	Pommier (fruits)	*(Malus communis)*	*Poma paradisi*	Pommes de paradis
65v°	Orchis à fl. lâches	*(Orchis laxiflora)*	*Satyrion*	Cornuettes
66	Scrofulaire	*(Scrofularia nodosa)*	*Aurum valet*	Horvalle
66v°	Œillet blanc double	*(Dianthus caryophyllus)*	*Species tunici*	Huilletz blanc
67	Viorne mancienne	*(Viburnum lantana)*	*Catoleri*	Blanche futaine
67v°	Carotte	*(Dancus carota)*	*Pascinaca domestica*	Pastonnades
68	Achillée sternutatoire	*(Achillea ptarmica)*	*Consolida media*	Petite console
68v°	Moutarde	*(Sinapis)*	*Sinapis*	Moustarde
69	Buglosse	*(Anchusa officinalis)*	*Species buglossa*	Langue de bœuf
69v°	Trèfle	*(Trifolium arvense)*	*Species triffolium*	Treuffle menu
71	Mauve sauvage	*(Malva silvestris)*	*Malva*	Mauves
71v°	Polygala	*(Polygala vulgaris)*	*Minuta*	Menuettes
72	Scabieuse colombaire	*(Scabiosa columbaria)*	*Scabiosa*	Scabieuse
72v°	Digitale pourprée	*(Digitalis purpurea)*	Simbaleria	Damoyselles
73	Linaire commune	*(Linaria vulgaris)*	*Linaria*	Réveille-matin
73v°	« Tierce-feuille »	??	*Tercifolium ?*	Tierce-feuille
74	Lin	*(Linum usitatissimum)*	*Linum*	Du Lin
74v°	Basilic	*(Ocimum basilicum)*	*Ozimum*	Baselic
75	Fougère	*(Pteris aquilina)*	*Felix*	Fougère
75v°	Cardère à foulon	*(Dipsacus silvestris)*	*Virga pastoris*	Chardonnetz
77	Chardons	indéterminés	*Species cardo*	Chardons
77v°	Giroflée	*(Matthiola incana)*	*Species keyri*	Violette guiroflee
78	Chèvrefeuille	*(Lonicera etrusca)*	*Caprifolium*	Chevrefueil
78v°	Pâquerette	*(Bellis perennis)*	*Consolida minor*	Paquerette
79	Gesse (Jarrosse)	*(Vicia cracca)*	*Species orobi*	Jarveau
79v°	Campanule carillon	*(Campanula medium)*	*Betonica*	Bertonique
80	Serpentaire	*(Arum dracunculus)*	*Gersa serpentaria*	Serpentine
80v°	Menthe	*(Mentha verticillata ?)*	*Bassameta*	Basme
81	Calebasse	*(Lagenaria vulgaris)*	*Cucurbita*	Quegourdes
81v°	Sauge	*(Salvia pratensis)*	*Gallicum minus*	Calabistry
82	Giroflée	*(Cheiranthus cheiri)*	*Species keyri*	Guiroflee jausne
82v°	Matricaire	*(Leucanthemum parthenium)*	*Species camamille*	Mere martyr
83	Ortie blanche	*(Lamium alba)*	*Species urtica alba*	Ganc blanc
83v°	Bardane	*(Lappa major)*	*Bardana*	Gloustrons
84	Vipérine	*(Echium vulgare)*	*Boraginum silvestre*	Apoustumée
84v°	Menthe pouliot	*(Mentha pulegium)*	*Pulegium regale*	Rigolet
85	Cerisier (fruits)	*(Cerasus vulgaris)*	*Cerasium*	Cerises
85v°	Chardon béni	*(Cnicus benedictus)*	*Species cardo*	Chardons jaunes
86	Jasmin	*(Jasminum officinale)*	*Sambacus*	Jasmin
86v°	Cirse laineux	*(Cirsium eriophorum)*	*Species cardo*	Chardon ras
87	Joubarde	*(Sempervirum tectorum)*	*Barba Jovis*	Jobarde
87v°	Chêne (glands)	*(Quercus robur)*	*Glandus*	Du Chesne
88	Chanvre mâle	*(Canabis sativa)*	*Canabs*	Chanvre fumelle
88v°	Centaurée (petite)	*(Erythraea centaurium)*	*Centaurea minor*	Violectes menues
89	Campanule	*(Specularia…..)*	*Albafeni*	Aubefin en croix
89v°	Buglosse	*(Anchusa officinalis)*	*Buglossa*	Bugleuse
90	Bétoine	*(Stachys officinalis)*	*Butonica*	Butoysne
90v°	Chanvre femelle	*(Canabis sativa)*	*Canabs ma(s) culus*	Chanvre mâle
92	Coudrier	*(Corylus avellana)*	*Avelena silvestris*	Nourilles de bois
92v°	Rue	*(Ruta graveolens)*	*Rutarum*	Rue
93	Potentille	*(Potentilla anserina)*	*Agrimonia*	Aigremoyne
93v°	Epurge	*(Euphorbia latiris)*	*Catapucia*	Epurge
94	Orge	*(Hordeum)*	*Ordeum*	Orge
94v°	Seigle	*(Secale cereale)*	*Siligo*	Saigle
95	Blé	*(Triticum sativum)*	*Triticum*	Forment
95v°	Avoine	*(Avena sativa)*	*Avena*	Avoyne
96	Millet	*(Panicum miliaceanum)*	*Milium*	Mil
96v°	Livèche	*(Levisticum officinalis)*	*Apium*	*Hache*
97	Pissenlit	*(Taraxacum officinale)*	*Dentes leonis*	Dens de lion
97v°	Giroflée	*(Matthiola incana)*	*Species keyri*	Violete cramoisie
98	Cresson alénois	*(Lepidium sativum)*	*Eruca*	Querson alenoys
98v°	Coquelicot	*(Papaver Rhoeas)*	*Papaver rubeum*	Ponceau
99	Sauge officinale	*(Salvia officinalis)*	*Salva menuta*	Sauge menue
99v°	Bleuet à fleurs blanches	*(Centaurea cyanus)*	*Species batizora*	Boutecornille
100	Mercuriale	*(Mercurialis annua)*	*Mercurialis*	Ramberge
100v°	Origan	*(Origanum vulgare)*	*Origanum*	Marjolaine sauvage
101	Viorne obier	*(Viburnum opulus)*	*Catoleri*	Blanche putain
101v°	Absinthe aluine	*(Artemisie absinthium)*	*Absinthum*	Aluysne
102	Consoude à fl. blanches	*(Symphitum officinale)*	*Consolida minor*	Confee fumelle
102v°	Aubépine (fruits)	*(Craetaegus oxyacantha)*	*Spina alba*	Cenelles
103	Panicaut	*(Eryngium campestre)*	*Species spina*	Chausses trapes
103v°	Mélampyre	*(Melampyrum arvense)*	*Florigeria*	Feullagiee
104	Circée de Paris	*(Circaea lutetiana)*	*Bruneta*	Brunetee
104v°	Safran	*(Crocus sativa)*	*Crocus*	Saffran
105	Genêt des teinturiers	*(Genista tinctoria)*	*Species geneste*	Geneterolle

Fol.	Nom actuel	Nom latin	Noms dans les *Grandes Heures* Latin	Français
105v°	Gaillet	*(Galium verum)*	*Sperjula*	Garencelle
106	Consoude à fl. rouges	*(Symphytum officinale)*	*Species consolida*	Confee male
106v°	Pourpier	*(Portulaca oleracea)*	*Portalaca*	Popier
107	Benoite	*(Geum urbanum)*	*Galiofilata*	Galiot
107v°	Fusain	*(Evonymus europaeus)*	*Burgena*	Garest
108	Physalis	*(Physalis alkekengi)*	*Alkecange*	Carainges
108v°	Mousse d'eau ?	*(Conferva...)*	*Moussata*	La Mossue
109	Laiche des rives	*(Carex riparia)*	*Papirus*	Sireaulx
109v°	Prunellier	*(Prunus spinosa)*	*Prunalerum*	Espine noyre
110	Héliotrope sauvage	*(Heliotropium europaeum)*	*Lunaria minor*	Remanbrance
110v°	Chardon étoilé	*(Centaurea calcitrapa)*	*Yringi*	Piquerolle
112	Prunier de Damas	*(Prunus domestica)*	*Prunas*	Preunes Damars
112v°	Cocriste vrai	*(Rhinanthus crista galli)*	*Amartini*	Aymart
113	Eglantier (fleurs)	*(Rosa canina)*	*Bedgaris arbor*	Roses sauvages
113v°	Menthe à feuilles rondes	*(Mentha rotundifolia)*	*Mentastrum*	Mental
114	Muscari à grappes	*(Muscari comosum)*	*Species sordi*	Ailletz
114v°	Orchis	*(Satirium male)*	*Satyrion*	Panserolle
115	Violette blanche	*(Viola odorata)*	*Violla alba*	Violete de marz
115v°	Germandrée	*(Teucrium botrys ?)*	*Tartaria*	Tartarie
116	Néflier (fruits)	*(Mespilus germanica)*	*Nespulum*	Mesles
116v°	Raifort	*(Raphanus sativus)*	*Raffanus domesticus*	Riffors
117	« Lys oust	(non identifié)	*Species lilii*	Lys oust
117v°	Orchis	*(Orchis mascula)*	*Species satyrion*	Grivolee
118	Renoncule	*(Ranunculus ...)*	*Pes columbini*	Pié de pigeon
118v°	Pivoine	*(Paeonia officinalis)*	*Peonia*	Herbe saint Jehan
120	Grenadier (fruits)	*(Punica granatum)*	*Malc grenata*	Guernades
120v°	Véronique teucriette	*(Veronica teucrium)*	*Camixpitheos*	Fleur de Marion
121	Ombellifère	(indéterminée)	*Serfolii*	Percillee
121v°	Gui	*(Viscum album)*	*Vistus quercinus*	Guis de chesne
122	Millet	*(Setaria italica)*	*Milastea*	Mil rouge
122v°	Véronique à épis	*(Veronica spicata)*	*Species bruneta*	Perse brunete
123	Eglantier (fruits)	*(Rosa canina)*	*Bdegar*	Arglantier
123v°	Houx	*(Ilex aquifolium)*	*Viscus agrifolium*	Du Houst
124	Châtaignes	*(Castanea sativa)*	*Castanearum*	Chastaignes
124v°	Bruyère	*(Calluna vulgaris)*	*Brutex munita*	Bruere Menue
125	Muscari ?	(?)	*Species satirionis*	Pironnée
125v°	Chardon Marie	*(Silybum Marianum)*	*Species cardo*	Chardons vergez
126	Centaurée noire ?	*(Centaurea nigra)*	*Species cardo*	Anunceau
126v°	Ballote noire	*(Ballota nigra)*	*Matricaria*	Barbane
127	« Fleurencelle	(indéterminée)	*Florenceola*	Fleurencelle
127v°	Bouleau	*(Betula pendula)*	*Terebintus*	Boullatz
128	Dame d'onze heures	*(Ornithogalum umbellatum)*	*Lilium silvestrum*	Lis bastard
128v°	Ajonc	*(Ulex europaeus)*	*Joncus marinus*	Jomarin
129	Massette	*(Typha angustifolia)*	*Mactrax*	Papirus
129v°	Hysope	*(Hyssopus officinalis)*	*Ysopi agrescie*	Ysopart
130	Anémone pulsatille	*(Pulsatilla vulgaris)*	*Alius quinque digiti*	Chesnarde
130v°	Hélianthème	*(Helianthemum chamaecistus)*	*Blancheola*	Blanchete
131	Genévrier	*(Juniperus communis)*	*Juniperus*	Geniesvre
131v°	Euphorbe	*(Euphorbia helioscopia)*	*Titimali maior*	Titimali grand
132	Plantain	*(Plantago major)*	*Plantago*	Plantain
132v°	Chicorée ?	*(Cichorium intybus ?)*	*Scariola*	Escariole
133	Menthe verte	*(Mentha viridis)*	*Mentastrum*	Mante
133V°	Gaillet croisette	*(Galium cruciatum)*	*Cruciata*	Croisee
134	Buglosse	*(Anchusa officinalis)*	*Species buglosse*	Langue de vache
134v°	Ficaire	*(Ficaria ranunculoïdes)*	*Testicolos sacerdoti*	Mire soleil
135	Véronique beccabunga	*(Veronica beccabunga)*	*Matricarie*	Mentillon
135v°	Laiteron	*(Sonchus oleraceus)*	*Rostrum porci*	Letrons
136	Millet	*(Panicum miliaceum)*	*Panicum*	Millart
136v°	Aristoloche	*(Aristolochia clematitis)*	*Aristologia longa*	Reguelisse sauvage
137	Bourse à pasteur	*(Capsella bursa pastoris)*	*Bursa pastoris*	Burse pasteur
137v°	Mûrier	*(Morus nigra)*	*Mora celsi*	Meures
138	Palmier	*(Chamaerops humilis)*	*Palma*	Jeune palme
138v°	Carthame	*(Carthamus tinctorius)*	*Cartalus*	Saffran bastard
139	Populage	*(Caltha palustris)*	*Pata lupina*	Bassinetz
139v°	Arroche	*(Atriplex hortensis)*	*Atriples*	Arolle
140	« Pourprée »	(indéterminée)	*Purpurea*	Pourprée
140v°	Pulicaire ?	*(Pulicaria ?)*	*Lactucea*	Jaulnete
141	Lamier tacheté ?	*(Lamium maculatum ?)*	*Urtica mortua*	Agripal
141v°	Ail	*(Allium sativum)*	*Alium domesticum*	Aulx
142	Morgeline	*(Stellaria media)*	*Morsus galine*	Moron blanc
142v°	Bruyère cendrée	*(Erica cinerea)*	*Alius bipharium*	Bruyere
143	Oignon	*(Allium cepa)*	*Cepe*	Ongnons
143v°	Menthe des champs	*(Mentha arvensis)*	*Species balsamite*	Rigueloux
144	Pariétaire	*(Parietaria officinalis)*	*Papetaria*	Aparitoyre
144v°	Menthe aquatique	*(Mentha aquatica)*	*Species mentastrum*	Rigault
145	Ivraie	*(Lolium... ?)*	*Lolium*	Yvroye
145v°	Echalote	*(Allium ascalonicum)*	*Stalogie*	Eschalottes
146	Scolopendre	*(Scolopendrium offic.)*	*Scolopandria*	Colependre
146v°	Bugle	*(Ajuga reptans)*	*Panseolum*	Penserol
147	Achillée millefeuilles	*(Achillea millefolium)*	*Millefolium*	Millez feuilles
147v°	Ellébore	*(Helleborus foetidus)*	*Marsilium*	Pate de lyon
148	Baguenaudier	*(Colutea arborescens)*	*Species sene*	Baguenaudes
148v°	Vulpin	*(Alopecurus pratensis ?)*	*Cauda lupi*	Coudelou
149	Romarin	*(Rosmarinus officinalis)*	*Ros marinus*	Romarin
149v°	Lupin	*(Pisum arvense)*	*Lupini*	Poys platz
150	Sedum acre (orpin)	*(Sedum acre)*	*Crassula minor*	Testesorix
150v°	Saule (châtons mâles)	*(Salix capraea)*	*Mellilotum*	Mitons de saule
151	Bugrane	*(Ononis repens)*	*Resta bovis*	Artebeuf
151v°	Mélisse	*(Melissa officinalis)*	*Melissa*	Melice
152	Souci	*(Calendula officinalis)*	*Species calendula*	Franche Souscicle
152v°	Cassis (fl.)	*(Ribes nigrum)*	*Flores piperi*	Poyvrier
153	Laitue	*(Lactuca sativa)*	*Lactica*	Lestus
153v°	Sycomore	*(Acer pseudo platanus)*	*Siccamor*	Sicamour
154	Fumeterre	*(Fumaria officinalis)*	*Fumus terrae*	Fumeterre
154v°	Réséda (gaude)	*(Reseda luteola)*	*Gauda*	Gaude
156	Raisins noirs	*(Vitis vinifera)*	*Uva nigra*	Raisins noirs
157	Glaucière jaune	*(Glaucium luteum)*	*Menuta*	Grande esclere
157v°	Pensée	*(Viola tricolor)*	*Grossa Pensate*	Grosses Penscées
158	Cressonnette	*(Cardamine pratensis)*	*Muguetum palustre*	Marest
160	Cognassier	*(Cydonia vulgaris)*	*Citrinum*	Franc coings
160v°	« Myeux que or »	(indéterminé)	*Species melliloti*	Myeulx que or
161	Coloquinte	*(Cucurbita….)*	*Colloquintida*	Quegourdes de Turquie
161v°	Saule (châtons fem.)	*(Salix caprea)*	*Flos silicis*	Chatons
162	Orchis	*(Orchis mascula)*	*Species satyrion*	Tavellee
164	Groseillier à maquereau	*(Ribes uva crispa)*	*Rhamnus*	Grouselliers
166	Hêtre	*(Fagus silvatica)*	Fagus	Foysnez
168	Oranger	*(Citrus sinensis ?)*	*Citrangulus*	(nom manquant)
170	Abricotier	*(Armenica vulgaris)*	*Crisolominis*	Abricotz
172	Poirier	*(Pyrus communis)*	*Pirus*	Poyrier de fin or
174	Néflier (fleurs)	*(Mespilus germanicus)*	*Florum mespule*	Nefflier
176	Lis orange	*(Lilium croceum ?)*	*Lilium rubeum*	Lys rouge
176v°	Mouron rouge	*(Anagallis arvensis)*	*Morsus galine*	Moron rouge
178	Sorbier	*(Sorbus domestica)*	*Sorbe*	Cormier
180	Pêcher	*(Prunus persica)*	(nom effacé)	(nom effacé)
182	Pommier	*(Malus communis)*	*Pommas*	Pommes de roueau
184	Houblon	*(Humulus lupulus)*	*Luppulus*	Hobelon
186	Vesce	*(Vicia sepium)*	*Species lupinus*	De la Vesse
188	Pin pignon	*(Pinus pine)*	*Pomas pin*	Pommes de pin
190	Sureau ?	*(Sambucus…)*	*Catolleria arbor*	Du Pullan
192	Gesse	*(Lathyrus sylvestris)*	*Species pisei*	Nantilles
194	Haricot	*(Phaseolus vulgaris)*	*Faberole*	Faverolles
196	Clématite des haies	*(Clematis vitalba)*	*Citisus*	Viorne
198	Cassis (fr.)	*(Ribes nigrum)*	*Piperi rotondi*	Poyvre
198v°	Orme	*(Ulmus campestris)*	*Ulmus*	Homeau
200	Bryone dioïque	*(Brionia dioica)*	*Napus silvestris*	Naveaulx sauvages
202	Troëne ?	*(Ligustrum vulgare ?)*	*Species caprifoli*	Comoust
204	Concombre	*(Cucumis sativus)*	*Cucumer*	Concombres
206	Ronce	*(Rubus fructicosus)*	*Arbustum rubri*	Ronsces
208	Chanvre d'eau ?	*(Bidens tripartita ?)*	*Flacea*	Des Frelles
210	Cresson de fontaine	*(Nasturtium officinalis)*	*Nasturci aquatica*	Du Querson
212	Noyer	*(Juglans regia)*	*Nucariis*	(nom effacé)
212v°	Oseille	*(Rumex acetosa)*	*Acetoza*	Vinnete
213	Sarriette	*(Satureia hortensis)*	*Saturagia*	Sarriete
213v°	Primevère	*(Primula elatior)*	*Primula veris*	Veixre
214	Epiaire	*(Stachys… ?)*	*Bealna*	Leaune
216	Séneçon	*(Senecio vulgaris)*	*Cardumoen*	Du Senexon
216v°	Patience ?	*(Rumex…. ?)*	*Bette*	Blecte
217	Roquette	*(Eruca sativa)*	*Eruca*	Roquette
217v°	Plantain d'eau	*(Alisma plantago)*	*Triphlorale*	La Trible
219	Nigelle	*(Nigella sativa)*	*Ges*	De la Poyvrade
219v°	« De Aspula »	(non identifiée)		De Aspula
220	Bruyère à balais	*(Erica scoparia)*	*Brutey*	Menue Bruere
220v°	Camomille sauvage	*(Anthemis arvensis)*	*Amarusca*	Amaroustes
221	Sedum reprise	*(Sedum telephium)*	*Faba subersa*	Orpin
221v°	Buis	*(Buxus sempervirens)*	*Boyci*	Bouys
223	Fragon	*(Ruscus aculeatus)*	*Brusci*	Du Frellon
223v°	Fougère mâle	*(Dryopteris filix)*	*Osmundum*	Fogere bastarde
224	Cornouiller (fl.)	*(Cornus mas)*	*Cornus*	Cornilles
224v°	Coriandre	*(Coriandrum sativum)*	*Coriandrium*	Coriande
225	Plantain	*(Plantago lanceolata)*	*Lanceolata*	Herbe au charpentier
225v°	Fléchière	*(Sagittaria sagittarfolia)*	*Barbarea*	Barbelee
226	Ansérine ?	*(Chenopodium…. ?)*	*Species blete*	Gyon
228	Aunée	*(Inula helenium)*	*Enulla campana*	Neole
228v°	Chou à feuilles rudes ?	*(Brassica campestris ?)*	*Alixandrie*	Alixandre
229	Solidage	*(Solidago virgaurea)*	*Arbustum*	Arbueil
229v°	Pimprenelle	*(Poterium sanguisorba)*	*Pimpenella*	Pinpenelle
230	Brize	*(Briza media)*	*Fenum vulgatum*	Tremblant
230v°	Lampourde	*(Xanthium strumarium)*	*Gallina*	Grace gelline
231	Guimauve	*(Althea officinalis)*	*Bismalve*	Guymauves
231v°	Mélilot	*(Melilotus officinalis)*	*Melliloti*	Melinot
232	Morelle noire	*(Solanum nigrum)*	*Morella*	Morelle
232v°	Poireau	*(Allium porrum)*	*Porrum*	Pourreaulx
233	Sauge	*(Salvia sclarea ?)*	*Barsamita*	Balsamite
233v°	Ombellifère	(indéterminée)	*Centum grana*	Escarlete
234	Molène	*(Verbascum thapsus)*	*Molanie*	Molaine
234v°	Pulmonaire	*(Pulmonaria officinalis)*	*Pelmoneria*	Tavellee
235	Cynoglosse	*(Cynoglosse officinalis)*	*Species glilis*	Boustonee
235v°	Gaillet	*(Galium tricorne)*	*Verrolium*	Gratereau
236	Polytric offic.	*(Asplenium trichomanes)*	*Politrici*	Politrice
236v°	Ibéride (thlaspi)	*(Iberis umbellata)*	*Bouqueta*	Bouquetee
237	Belladone	*(Atropa belladonna)*	*Barsinus*	Barsines

LISTE ALPHABÉTIQUE DES PLANTES, AVEC LES NUMÉROS DE FOLIOS DES GRANDES HEURES D'ANNE DE BRETAGNE.

Les chiffres entre parenthèses renvoient au numéros de pages du livre.

NOTES

1 L. Delisle, *Les Grandes Heures de la reine Anne de Bretagne*, Paris, 1913.
2 Entre autres : Le Roux de Lincy, *Vie de la Reine Anne de Bretagne*, Paris 1860 : 4 vol. ; puis, parmi les plus récents H. Le Boterf, *Anne de Bretagne*, 1976 ; J. Markale, *Anne de Bretagne*, Paris, 1980 ; P. Tourault, *Anne de Bretagne*, Paris, 1990 ; G.-M. Tanguy, *Les jardins secrets d'Anne de Bretagne*, Paris, 1991 ; G. Minois, *Anne de Bretagne*, 19[illegible].
3 M. Jones, *Les manuscrits d'Anne de Bretagne, reine de France, duchesse de Bretagne*, « Mémoires de la Société archéologique de Bretagne », t. LV 1978, pp. 43-82, donne une liste aussi exhaustive que possible des ouvrages contenus dans la bibliothèque d'Anne de Bretagne. Parmi les livres d'heures qui y figurent, outre le ms. latin 9474 : *Très petites heures* (vers 1492), BnF., ms. Nouv. Acq. Latin 3120, 163 folios ; *Heures dites d'Anne de Bretagne* (vers 1498), Nantes, Bibl. mun., ms.lat. 18, 115 folios ; *Petites Heures* (vers 1499), BnF. ms. Nouv. Acq. Latin 302[illegible], 78 folios…
4 M. Jones, *Les manuscrits*…, p. 69.
5 Entre autres : Don Antonio de Beatis, *Voyage du cardinal d'Aragon*, trad. Paris, 1913 ; P. Lesueur, *Les jardins du château de Blois et leurs dépendances : étude architectonique*, « Mémoires de la Société des Sciences et Lettres de Loir-et-Cher », t. XVII[illegible] ; 1904, pp. 223-438 ; C. Gratias, *Le [illegible] d'Anne de Bretagne et les jardins du château de Blois*, « Flore et jardins », Paris, Cahiers du Léopard d'Or, 1997, pp. 1[illegible]-144.
6 R. Limousin, *Jean Bourdichon peintre et enlumineur, son atelier et son école*, Lyon, Presses académiques, 1954, p. 72.
7 Le Roux de Lincy, *Vie d'Anne de Bretagne*, t. II, pp. 46-83 ; Barbet de Jouy, *Notice des objets composant le musée des Souverains*, pp. 85-91, in L. Delisle, « Les Grandes Heures de la Reine Anne de Bretagne ».
8 Abbé Leroquais, dans *Les livres d'heures manuscrits de la Bibliothèque nationale*, Paris, 1927 (pour les *Grandes Heures d'Anne de Bretagne* : t. [illegible], pp. 298-305).
9 F. Avril, N. Reynaud, *Les manuscrits à peintures en France, 1440-1520*, Paris, 199[illegible], pp. 297-300, et ill. des folios 51 v°et 7[illegible] v°.
10 L. Delisle, *Les Grandes Heures de la reine Anne de Bretagne et l'atelier de Jean Bourdichon*, Paris, 1913.
11 N. Reynaud dans « Les manuscrits… » note 9, p. 293 : *Jean Bourdichon*.
12 Id., p. 300.
13 L. Delisle, *Les Grandes Heures*…, p. 50 sq.
14 R. Grand, *Anne de Bretagne et le premier humanisme de la Renaissance en France*, s.d., ni éd., p. [illegible]8.
15 Le ms. 12322 est une copie de celui commandé par Louise de Savoie et conservé à St. Petersbourg. Cette copie mentionnée ici est présentée et commentée par F. Avril, P. Lieutaghi, G. Malandin, *Le Livre des Simples Médecines*, rééd. Paris, Vilo, 1990. Toutes les références à cette édition seront indiquées : Plat. p.
16 P.-G. Girault, *La [illegible] symbolique de la flore*, « Flore et jardins », Paris, 1997, pp 145-146.
17 Chanoine Fiot, *Jean Bourdichon et saint François de Paule*, « Bulletin de la Société archéologique de Touraine », t. LV, 1961.
18 *Heures de la Vierge à l'usage de Paris*, New York, Pierpont Morgan Library, M.732 ; 56 ff. de 260 x 150.
19 R. Limousin, *Jean Bourdichon, peintre et enlumineur, son atelier et son école*, Lyon, Presses académiques, 1954, p. 72.
20 Add. ms. 18855.
21 Waddesdon Manor, ms. 20. (cf. E. Mâle, *Jean Bourdichon et son atelier*, « Gazette des Beaux-Arts », Paris, 1904 ; F. Avril, N. Reynaud, *Les manuscrits à peintures*…, article de N. Reynaud : *Grandes Heures d'Anne de Bretagne*, pp. 297-300.)
22 F. Avril, N. Reynaud, *Les manuscrits*…, p. 177, article de N. Reynaud, à propos des *Heures à l'usage de Rome*, dans lequel elle cite également les manuscrits mentionnés ci-dessous, notes 29, 30, 31.
23 Paris, Bibliothèque de l'Arsenal, ms. 291 ; 122 ff., 1510-1515.
24 Londres, British Lib., Add. ms. 35214.
25 Modène, bibl. Estense, A.U.2.28 = lat.614.
26 P. Lieutaghi, *La plante compagne*, Paris, Actes Sud, 1998, p. 21.
27 Pour chacune des plantes mentionnées dans les chapitres suivants, les noms latins et français figurant dans le manuscrit, ainsi que les noms latins actuels, font l'objet d'une liste en annexe.
28 R. Schneider, *L'Art français, fin du Moyen Age-Renaissance*, Paris, Laurens, 1928, p. 54.
29 A. de Jussieu, *Mémoire* (Paris, B. N, ms. Nouv. Acq. fr. 5052), lu à l'Académie des Sciences en 1722. Publié en 1886, par L. Lalanne, *Mémoire inédit de Jussieu, sur le Livre d'Heures d'Anne de Bretagne*, dans « Bulletin du Comité des travaux historiques », pp. 227-236.
30 J. Camus, *Les noms des plantes du Livre d'Heures d'Anne de Bretagne*, « Journal de Botanique », 1894, t.8, n°19 à 23.
31 L. Réau, *La Miniature*, Melun, d'Argences, 1946.
32 E. Mâle, *Les Heures d'Anne de Bretagne*, Paris, éd. Verve, 1946.
33 Pocquet du Haut-Jussé, *Anne de Bretagne, réponse à quelques contestations*, « Mémoires de la Société d'Histoire et d'Archéologie de Bretagne », t. LV, 1978.
34 Cf. N. Coulet, *Les jardins de France et d'Espagne vus par Jérôme Münzer*, Cahiers du Léopard d'Or, vol. VI, 1997, pp. 199-212.
35 Archivio di Stato, Mantoue, coll. Autografi Volta 2, lettre de Stazio Gadio à François de Gonzague, Tours, 12 août 1516, cité dans M. Hamilton Smith, *François Ier, l'Italie et le château de Blois*, « Bulletin monumental », t. 147-IV, 1989, pp. 320-321.
36 Jacques Androuet Du Cerceau, *Les plus excellents bastiments de France*, t. II, Paris, 1579.
37 P. Lieutaghi, *La plante*…, pp.104-105.
38 Id., pp. 162-174.
39 Id., pp. 31-48.
40 Pierandrea Mattioli (ou Matthiole), naturaliste italien (1500-1577).
41 *Secrets et vertus des plantes médicinales*, Paris, Readers Digest, 1977, p. 223.
42 P. Lieutaghi, *La plante*…, p. 54-60.
43 J. Memory Paterson, *Le petit livre des arbres*, Paris, La Table ronde, 1999, p. 94.
44 J.-L. Flandrin, C. Lambert, *Fêtes gourmandes au Moyen Age*, Paris, Imprimerie nationale, 1998, p. 155.
45 Plat. p. 208.
46 C. de Mérindol, *De l'emblématique et de la symbolique de l'arbre à la fin du Moyen Age*, L'Arbre, n° 2, Cahiers du Léopard d'Or, Paris, 1993, pp. 105-126.
47 J. Triska, *Flore d'Europe*, Paris, Gründ, 1975, pp. 168-169.
48 Plat. p. 184.
49 *Mesnagier de Paris*, éd. Lettres gothiques, Paris, 1994, p. 719, § 234, ou dans le « Recueil de Riom », ms. Paris, BnF., lat. 6707, folio 185.
50 Plat. p. 184.
51 Sainte Hildegarde de Bingen, mystique bénédictine allemande (1098-1179), auteur, entre autres, de nombreux traités médicaux.
52 Angelo de Gubernatis, *La mythologie des plantes*, 1878, réédition Osnago, « Connaissance et Mémoires européennes », 1996, cite Chéruel, « Dictionnaire des institutions », t. I, p. 128, *Mœurs et coutumes de France.*
53 G. Hertzka, *La petite pharmacie domestique de Hildegarde de Bingen*, Paris, Courrier du Livre, 1993, p. 155.
54 *Le Mesnagier*…, p. 761 § 297, et p. 767 § 304.
55 Plat. p. 67.
56 Plat. p. 66.
57 C.-C. Mathon, P. G. Girault, *Des marais aux marchés, usage et image des plantes dans le Journal d'un Bourgeois de Paris (1405-1449)*, Cahiers du Léopard d'Or, vol. 6, 1997, pp. 101-104.
58 H. Leclerc, *La légende et l'histoire thérapeutique de la pâquerette*, « Revue de phytothérapie », janvier 1948.
59 D. Lanska, *Plantes sauvages comestibles*, Paris, Gründ, 1992, p. 56.
60 Plat. p. 144.
61 *Mesnagier de Paris*, § 319.
62 P. Lieutaghi, *La plante*…, p. 125.
63 D. Le Dantec, *Encyclopédie poétique et raisonnée des herbes*, Paris, Bartillat, 2000, p. 652.
64 Plat. p. 86.
65 L. Bourgeois-Cornu, *Les bonnes herbes du Moyen Age*, Publisud, 1999, p. 97, n° 112.
66 Plat. 86.
67 Cf. n. 35
68 M. Pastoureau, *Bonum, Malum, Ponum, une histoire symbolique de la pomme*…, dans l'Arbre, « Cahiers du Léopard d'Or », n° 2, 1993, pp. 155-216.
69 Hildegarde de Bingen, *op. cit.*, p. 55.
70 Plat. p. 220.
71 P. Lieutaghi, *Jardin des savoirs, jardin d'histoire, Les Alpes de Lumière*, n° 110/111, juillet 1992, p. 67.
72 Plat. p. 79.
73 *Mesnagier*…, p. 801, § 356.
74 A. Salmon, *Description de la ville de Tours sous le règne de Louis XI*, par Francesco Florio, « Mémoires de la Société archéologique de Touraine », VII (1855), pp. 82-108.

NOTES

75 Plat. p. 196.
76 Ariane Bruneton, *Le pain de bois, ethnohistoire de la châtaigne et du châtaignier*, Toulouse, Eché, 1984.
77 Plat. p. 220.
78 P. Lieutaghi, *La plante compagne*... pp. 231-244.
79 Apulée (IIe siècle de notre ère), dans *De Virtulibus Herbarum*, cf. A. de Gubernatis, *La Mythologie*..., p. 354.
80 P. Lieutaghi, *La plante*..., p. 237.
81 Dioscoride, IV, 168.
82 H. Leclerc, *Précis*..., p.61.
83 A. de Gubernatis, *La Mythologie des plantes*, p.108.
84 Id.
85 Cité par Jean Palaiseul, *Nos grand-mères savaient*, Paris, 1992, p. 224.
86 *Le Mesnagier de Paris*, p.797, § 352.
87 Cf. E. Kessler, *Le jardin des délices et les fruits du mal*, « Flore et jardins », Cahiers du Léopard d'Or, n° 6, 1997, pp. 177-198.
88 H. Leclerc, *Précis*..., pp. 29-30.
89 P. Lieutaghi, *Jardin des savoirs*..., p. 95.
90 Plat. p. 256.
91 A.-P. de Mirimonde, *Fleurs et fruits du Paradis*, « L'Œil », n° 156, décembre 1967, p. 25.
92 J. Camus, *op. cit*. p. 373
93 *Jardins du Moyen Age*, abbaye de Noirlac, Paris, 1995 : Lexique : Cassisier.
94 H. Leclerc, *Précis*..., pp.186-187, le préconise encore...
95 G.-M. Tanguy, *Jardins secrets*..., p. 59.
96 Plat. p.100.
97 Plat. p. 44.
98 cf. « iris jaune », p. 73.
99 Plat. p.166.
100 P.-G. Girault, *La fonction*..., pp. 160-162.
101 Philosophe et botaniste grec (ca. 372-287), disciple de Platon et d'Aristote. Auteur entre autres, d'une « *Histoire des plantes* ».
102 P. Lazlo, *Le savoir des plantes*, Paris, Ellipses, 2000, p. 80.
103 P. Lieutaghi, *Jardin des savoirs*..., p. 101.
104 A. de Gubernatis, *La Mythologie*..., p. 294.
105 *Secrets et vertus*..., p. 211.
106 E. Lambert, *Traité pratique de botanique*, Paris, Firmin-Didot, 1885, p. 271.
107 Don Antonio de Beatis, *Voyage du cardinal d'Aragon*..., p. 197.
108 Lettre de Stazio Gadio à François de Gonzague, le 12 août 1516. Cf. C. Gratias, *Le pavillon d'Anne de Bretagne*..., pp. 132-133, note 10.
109 M. Garcia, M.-F. Delarozière, *De la garance au pastel*, Paris, Edisud, 1996, p. 10.
110 Plat. p. 205.
111 D'après A. Delatte, *Herbarius, recherches sur le cérémonial usité chez les Anciens pour la cueillette des simples et des plantes magiques*, Liège, faculté de philosophie, 1938, cité par P. Lieutaghi, *La plante*..., note 111, p. 278.
112 P. Lieutaghi, *Le livre*..., p. 26.
113 Plat. p. 206.
114 *Le Mesnagier de Paris*, éd. cit., indique p.781, § 324.
115 P. Lieutaghi, *La plante compagne, op. cit*., p. 198.
116 Selon la théorie d'Aldebrandin de Sienne *(Le régime du corps de maître Aldebrandin de Sienne)*. Texte français du XIIIe siècle, éd. Louis Landouzy et Roger Pépin, Paris, 1911, réimpr. Genève, Slatkine, 1978.
117 Plat. p. 46.
118 J. Palaiseul, *Nos grand-mères*..., p. 282.
119 J. Leclerc, *Précis*..., pp. 90-91.
120 P. Laszlo, *Le savoir*..., p. 22-23.
121 Plat. p. 98.
122 D. Le Dantec, *Encyclopédie poétique*... , p. 775.
123 Id.
124 *Mesnagier*..., p. 719, § 232.
125 Plat. p. 34.
126 *Mesnagier*... p. 619, § 53.
127 A. de Gubernatis, *La mythologie*..., p. 89.
128 Plat. p. 112.
129 Outre la mauve et la guimauve, la tisane des quatre fleurs, comprend le coquelicot, le tussilage, le pied-de-chat, la molène, la violette, toutes ces plantes, excepté le tussilage et le pied-de-chat (ou *antennaria dioica*, plante montagnarde proche de l'edelweiss) sont présentes dans les *Grandes Heures*.
130 H. Leclerc (*Précis*... p. 229) le préconise principalement comme emménagogue, et P. Lieutaghi, *Le Livre des bonnes herbes*..., pp. 423-425, qualifie le souci de « *plante précieuse, méconnue dans ses emplois internes* ».
131 Hildegarde de Bingen, *Le Livre des subtilités des créatures divines*, Grenoble, J. Million, 1988, p. 31.
132 L. Moulin, *La vie quotidienne des religieux au Moyen Age, Xe-XVe siècles*, Paris, 1979, p. 72.
133 *Le Mesnagier*..., p. 625, § 60.
134 Ou Ali-Abbas, médecin égyptien du VIIIe siècle av. J.-C.
135 Abu Ali-al-Husayn, Ibn Sinà, né à Boukhara (980-1037), médecin et philosophe, auteur entre autres du *Canon de la médecine*, ayant longtemps servi de base aux études médicales orientales puis occidentales.
136 J.-B. de Vilmorin, *Le jardin des hommes*, Paris, Le Pré aux Clercs, 1996, pp. 64-66.
137 *Plantes sauvages comestibles*, Paris, Gründ, 1992, p. 66.
138 P. Lieutaghi, *La plante compagne*..., p. 101.
139 Plat. p. 22.
140 id. p. 120.
141 id. p. 250
142 H. Leclerc, *Précis*..., p. 283.
143 id. p. 155.
144 H. Leclerc, *La thériaque*, Presse médicale, 1921.
145 P. Lieutaghi, *La plante*..., pp. 148-153.
146 Plat. p.108.
147 *Secrets et vertus*..., p. 143.
148 Cf. entre autres H. Leclerc, *Précis*..., pp. 272-273 ; P. Lieutaghi, *Le livre*..., p. 306-309, etc.
149 P. Laszlo, *Le savoir*..., pp. 88-89.
150 Plat. p. 28.
151 H. Leclerc, *Précis*..., pp. 327-334 et du même auteur : *Histoire de la digitale* « Aesculape », mars 1926 ; Thuy Pham, *Du poison au médicament*, thèse de doctorat en pharmacie, Châtenay-Malabry, 2000, dactyl.
152 J.-B. de Vilmorin, *Le jardin*..., p. 141.
153 L. Rosteau, dans *Les plantes tinctoriales dans l'Occident chrétien et l'Orient musulman*, « Cahiers du Léopard d'Or », note 6, 1997, pp. 227-252. Les traités de teinture qu'il indique sont, pour la période médiévale : un manuscrit provenant d'un monastère autrichien, datant de 1330 et conservé à la Bibliothèque universitaire d'Innsbrück, un autre « formé d'une suite de recettes... arrangées par Jehan Le Bègue, en 1431 ». Ms. Latin 6381 de la BnF. Trois traités datent du XVIe siècle, écrits en langue vulgaire et non plus en latin, mais respectivement en flamand (1513), en allemand (1532) et en italien, paru à Venise en 1548 « qui deviendra rapidement l'ouvrage de référence de tous les teinturiers professionnels occidentaux jusqu'au XVIIIe siècle ».
154 Entre autres, M. Garcia, M.-F. Delarozière, *De la garance*..., font état de ces recherches et indiquent une bibliographie.
155 Croll, Oswald Crollius, *La Royale Chimie de Crollius*, traduite en français par J. Marcel de Boulène, Lyon, 1624 (cité par P. Lieutaghi, *La plante compagne*..., p. 165).
156 B. Lehane, *Le pouvoir des plantes*, Paris, Hachette, 1977, rapporte cette expérience
157 Plat. p. 34
158 Plat. p. 158.
159 Machiavel (1469-1527) était donc contemporain d'Anne de Bretagne...
160 Le diplôme d'herboriste a été supprimé en 1941. En principe, depuis, seuls les pharmaciens ont le droit de vendre des plantes médicinales, à l'exception de quelques-unes, comme la menthe, le tilleul, la verveine, l'oranger...

BIBLIOGRAPHIE

• ALBOUY, V., DELFINO, J.-P., *Les insectes amis de nos jardins*, Aix-en-Provence, Edisud, 1995.

• ALDEBRANDIN DE SIENNE, *Le régime du corps de maître Aldebrandin de Sienne*. Texte français du XIIIe siècle, éd. L. Landouzy, R. Pépin, Paris, 1911, réimpr. Genève, Slatkine, 1978.

• AVRIL, F., LIEUTAGHI, P., MALANDIN, G., *Le Livre des simples médecines*, Paris, Ozalid, 1983 ; nouvelle édition, Paris, Vilo, 1990.

• AVRIL, F., REYNAUD, N., *Les manuscrits à peintures en France, 1440-1520*, Paris, Flammarion, 1993.

• BARDINET, T., *Les papyrus médicaux de l'Egypte pharaonique*, Paris, Fayard, 1995.

• BEATIS (Don Antonio, de), *Voyage du Cardinal d'Aragon en Allemagne, Hollande, Belgique, France et Italie (1517-1518)*, trad. Paris, Perrin, 1913.

• BRUNETON, A., *Le pain de bois. Ethnohistoire de la châtaigne et du châtaignier*, Toulouse, Eché, 1984.

• CAMBORNAC, M., *Plantes et jardins du Moyen Age*, Paris, Hartmann, 1998.

• CANDOLLE, A. de, *L'Origine des plantes cultivées*, réédition, Arten, 1997.

• C.E.I.M. (Centre de l'Enluminure et de l'Image Médiévale de Noirlac), *Jardins du Moyen Age*, Paris, « Le Léopard d'Or », 1995.

• CHAMBLAS-PLOTON, M., *Jardins médiévaux*, Paris, Flammarion, 2000.

• CLINTOCK, D.-Mc, FITTER, R.S.R., FAVARGER, S. et Cl., *Guide des Plantes à fleurs de l'Europe occidentale*, Paris, Delachaux & Niestlé, 1976.

• DELATTE, A., *Herbarius, recherches sur le cérémonial usité chez les Anciens pour la cueillette des simples et des plantes magiques*, Liège, Faculté de philosophie, 1938.

• DELISLE, L., *Les Grandes Heures de la reine Anne de Bretagne et l'atelier de Jean Bourdichon*, Paris, Lib. Damascene Morgand, 1913.

• FLANDRIN, J.-L., LAMBERT, C., *Fêtes gourmandes au Moyen Age*, Paris, Imprimerie nationale, 1998.

• GARCIA, M., DELAROZIERE, M.-F., *De la garance au pastel*, Paris, Edisud, 1996.

• GRAND, F., *Anne de Bretagne et le premier humanisme de la Renaissance en France*, s.d. nouvelle édition.

• GUBERNATIS, A. de, *La mythologie des plantes* (1878), réédition. Osnago, Connaissance et Mémoires européennes, 1996.

• HERTZKA, G., *La petite pharmacie domestique de Hildegarde de Bingen*, Paris, Le Courrier du Livre, 1993.

• *Journal d'un bourgeois de Paris (1405-1449)*, éd. Paris, Librairie Générale Française, 1990.

• JUSSIEU, E. de, *Mémoire*, Paris, BNF, Nouv. Acq. fr., 5052.

• LAMARCHE VADEL, G., *Jardins secrets de la Renaissance. Des astres, des simples et des prodiges*, Paris, L'Harmattan, 1997.

• LANSKA, D., *Plantes sauvages comestibles*, Paris, Gründ, 1992.

• LAZLO, P., *Le savoir des plantes*, Paris, Ellipses, 2000.

• LECLERC, H., *Précis de phytothérapie*, Paris, Masson, 1976.

• LE DANTEC, D., « Encyclopédie poétique et raisonnée des herbes », Paris, Bartillat, 2000.

• LE DANTEC, D. et J.-P., *Le roman des jardins de France*, Paris, Bartillat, 1998.

• LEHANE, B., *Le pouvoir des plantes*, Paris, Hachette, 1977.

• LEROQUAIS, Abbé V., *Les livres d'Heures manuscrits de la Bibliothèque nationale*, Paris-Mâcon, Protat, 1927-1943., 4 vol.

• LE ROUX de LINCY, *Détails sur la vie privée d'Anne de Bretagne, femme de Charles VIII et Louis XII* (extrait de la Bibliothèque de l'Ecole des Chartes, t. I, 3e série), Paris, F. Didot, 1850.

• LESUEUR, F., *Le château de Blois*, Paris, Picard, 1970.

• LIEUTAGHI, P. *Jardin des savoirs, jardin d'Histoire*, « Les Alpes de lumière », n° 110/111, juillet 1992.

• LIEUTAGHI, P., *La plante compagne*, Paris, Actes Sud, 1998.

• LIEUTAGHI, P., *Le Livre des bonnes herbes*, Paris, Actes Sud, 1996.

• LIMOUSIN, R., *Jean Bourdichon peintre et enlumineur, son Atelier et son Ecole*, Paris, Presses Académiques, 1954.

• MALE, E., *Jean Bourdichon et son atelier*, Paris, 1904.

• MALE, E., *Jean Bourdichon. Les Heures d'Anne de Bretagne*, Paris, Verve, 1946.

• MEMORY PATERSON, J., *Le petit livre des arbres*, Paris, La Table ronde, 1999.

• *MESNAGIER DE PARIS (Le)*, Paris, Lettres gothiques, 1994.

• MINOIS, G., *Anne de Bretagne*, Paris, Fayard, 1999.

• MOLINIER, A., *Les manuscrits et les miniatures*, Paris, 1892.

• MOULIN, L., *La vie quotidienne des religieux au Moyen Age (X^e-XVe siècles)*, Paris, Hachette, 1979.

• MUSEE DOBREE, *Exposition Anne de Bretagne et son temps*, Paris, Presses artistiques, 1961.

• PALAISEUL, J., *Nos grand-mères savaient*, Paris, Laffont, 1992.

• PELT, J. -M., *Fleurs, fêtes et saisons*, Paris, Fayard, 1989.

• REAU, L. *La miniature*, Melun, d'Argences, 1946.

• *Secrets et Vertus des plantes médicinales*, Paris, Reader's Digest, 1977.

• TANGUY, G.-M., *Les jardins secrets d'Anne de Bretagne*, Paris, Lanore, 1991.

• THUY PHAM, *Du poison au médicament*, thèse de doctorat de pharmacie – Châtenay-Malabry, 2000, dactyl.

• TRISKA, J., *Flore d'Europe*, Paris, Gründ, 1975.

• VILMORIN, J.-B. de, *Le jardin des hommes*, Paris, Le Pré aux Clercs, 1996.

Revues

• **Aesculape**,LECLERC, H., *Histoire de la digitale*, mars 1926.

• **Bulletin de la Société botanique de France**, n° 118, 1975 : BARRAU, J., *L'Ethnobotanique au carrefour des sciences naturelles et des sciences humaines*, pp. 237-248.

• **Bulletin de la Société archéologique de Touraine**, octobre 1913 : BOULAY de la MEURTHE, *Les heures d'Anne de Bretagne de Bourdichon*.

• **Bulletin du Comité des Travaux historiques**, 1886 : LALANNE, L., *Mémoire inédit de Jussieu sur le livre d'heures d'Anne de Bretagne*, pp. 2267-236.

• **Bulletin monumental**, t. 147-IV, 1989 : HAMILTON SMITH, M., *François Ier, l'Italie et le château de Blois*, pp. 320-321.

• **Cahier des amis de la Bibliothèque de Blois**, mai 1991, n° 8 : THIBAULT, P., *Les manuscrits dans la collection d'Anne de Bretagne*.

• **Cahiers du Léopard d'Or**, n° 2, 1993, L'Arbre : MERINDOL, C., *De l'emblématique et de la symbolique de l'arbre à la fin du Moyen Age*, pp. 105-126.

PASTOUREAU, M., *Bonum, Malum, Pomum, une histoire symbolique de la pomme*, pp. 155-216.

Flore et Jardins, n° 6, 1997 :

COULET, N., *Les jardins de France et d'Espagne vus par Jérôme Munzer*, pp.199-212.

GIRAULT, P.G., *La fonction symbolique de la Flore*, pp. 145-176.

GRATIAS, C., *Le pavillon d'Anne de Bretagne et les jardins du château de Blois*, pp. 131-144.

MATHON, C., GIRAULT, P.-G., *Des marais aux marchés, usage et image des plantes dans le Journal d'un Bourgeois de Paris*, pp.101-104.

ROSTEAU, L., *Les plantes tinctoriales dans l'Occident chrétien et l'Orient musulman*, pp. 227-252.

• **Gazette des Beaux-Arts**, 1909 : MELY, F. de, *Les Heures d'Anne de Bretagne et les inscriptions de leurs miniatures : Jean Bourdichon ou Jean Poyet ?*.

• **Journal de Botanique**, t. VIII, 1894, n° 19-23 : CAMUS, J., *Les noms des plantes du Livre d'Heures d'Anne de Bretagne*.

• **Mémoires de la Société archéologique de Touraine**, t. VII, 1855 :

SALMON, A., *Description de la ville de Tours sous le règne de Louis XI par Francesco Florio*, pp. 82-108,

t. LV, 1961 :

FIOT, Abbé R., *Jean Bourdichon et saint François de Paule*.

• **Mémoires de la Société d'Histoire et d'Archéologie de Bretagne**,

t. IX, 1928 :

POCQUET du HAUT-JUSSE, *François II, duc de Bretagne et d'Angleterre, 1456-1488*.

t. LV, 1978 :

BREJON DE LAVERGNEE, J., *L'emblématique d'Anne de Bretagne*, pp. 83-95.

JONES, M., *Les manuscrits d'Anne de Bretagne*, pp. 43-81.

LABANDE-MAILFERT, Y., *Le mariage d'Anne de Bretagne et Charles VIII*, pp. 17-42.

POCQUET du HAUT-JUSSE, *Anne de Bretagne, réponse à quelques contestations*, pp. 5-16.

SEGALEN, P.-P., *Esquisse d'un état présent des recherches sur Anne de Bretagne et la littérature de son temps (1477-1514)*, pp. 97-110.

• **Mémoires de la Société des Sciences et Lettres du Loir-et-Cher**, t. XVIII, 1904 :

LESUEUR, F., *Les jardins du château de Blois et leurs dépendances : étude architectonique*, pp.223-438.

• **L'Œil**, n° 156, déc. 1967 :

MIRIMONDE, A.-P. de, *Fleurs et fruits du paradis*.

TABLE DES MATIÈRES

REMERCIEMENTS

L'auteur remercie particulièrement, M. François Avril, Conservateur général au Département des manuscrits de la Bibliothèque nationale de France, pour lui avoir permis l'accès au manuscrit des *Grandes Heures*, et rendu possible cette publication, ainsi que pour ses précieux avis et informations.
Elle exprime à Marie-Thérèse Gousset, ingénieur C.N.R.S. à la Bibliothèque nationale de France, toute sa gratitude pour ses encouragements amicaux et ses conseils judicieux.
Elle remercie aussi son mari qui l'a efficacement « supportée », ainsi que sa famille pour l'intérêt pris à son travail.

Conception graphique et mise en pages
Studio graphique des Éditions Ouest-France - Laurence Morvan

Photogravure : Nord Compo, Villeneuve d'Ascq

13, rue du Breil, Rennes
Imprimé en France par Pollina, Luçon (85) - L52305
I.S.B.N. 978.2.7373.3870.0 - N° d'éditeur : 5064.08.1,5.01.10
Dépôt légal : octobre 2005
www.editionsouestfrance.fr